장수박사 박상철의
거룩하게 늙는 법

장수박사 박상철의
거룩하게 늙는 법

1판 1쇄 2024년 6월 23일

지 은 이 박상철

발 행 인 전재호
발 행 처 파이낸셜뉴스
주　　소 서울특별시 서초구 강남대로 315
대표전화 02-2003-7114
출판등록 2010년 5월 10일(제2020-000235호)
홈페이지 www.fnnews.com
이 메 일 fnnews@fnnews.com
출판대행 북스토리(주)

ISBN 979-11-986304-0-7 03190

장수박사 박상철의

거룩하게 늙는 법

추천사

백세 시대를 사는 지혜

'105세의 철학자' 김형석 연세대 명예교수는 최근에 낸 책《김형석, 백 년의 지혜》에서 "아름다운 늙음을 위해서는 욕심, 다시 말하면 소유욕을 버려야 한다"고 썼다. 그러면서 "소유했던 것을 주고 가는 것이 인생이다"라고 말했다.

박상철 전 서울대 교수가 쓴《장수박사 박상철의 거룩하게 늙는 법》에도 백세 시대를 사는 지혜가 가득하다. 평생을 생명과학과 의학 분야, 특히 노화 관련 연구에 매진해온 박 교수는 전국에 있는 백세인들을 직접 찾아가 만나고 인터뷰하면서 '늙는다는 것은 거룩한 일'이라는 사실을 깨달았다고 한다. 그렇게 해서 만들어진 개념이 나이듦이 당당하고 자랑스러운 '거룩한 노화', 즉 홀리 에이징Holy Aging이다.

책에는 나이듦을 거룩하게 하는 생활 강령 세 가지도 제시

된다. 하자^{Do it, 行之}, 주자^{Give it, 與之}, 배우자^{Prepare it, 習之}다. 나이 들었다고 망설이지 말고 적극적으로 무엇이든 해보고, 오래 살아온 만큼 누적되어 쌓여진 경험과 살림살이는 나누고, 새로운 것을 배우고 습득하는 데 주저하지 말라는 조언이다. 박 교수가 오랜 기간 노화 및 장수 연구를 통해 터득한 이 세 가지 원칙은 나이 들어가는 이들은 물론, 초저출산 초고령사회에 직면한 정책 입안자들도 유념해야 할 부분이 아닐까 한다.

이번 책은 'First-Class 경제신문' 파이낸셜뉴스가 자사 브랜드로 내는 첫 책이라는 점에서도 의미가 깊다. 세상을 사는 지혜를 가득 담고 있는 이번 책은 지난해 파이낸셜뉴스에 연재됐던 박 교수의 옥고 '장수박사 박상철의 홀리 에이징'을 다시 묶은 것으로, 파이낸셜뉴스 창간 24주년을 앞둔 시점에 발행돼 더더욱 감개무량하다. 이 자리를 빌어 원고를 보내주신 박상철 교수님께 깊은 감사의 말씀을 드리고, 앞으로도 책을 통해 좋은 생각과 마음을 더 많은 분들과 함께 나누겠다는 말씀을 전한다.

전재호 fn미디어그룹 회장

차례

2.
장수로 가는 길

✳

3.
장수인들의 실천하는 노블레스

❄

I.

거룩한 나이듦, 홀리 에이징

나이 든다는
거룩한 여정

인간의 노화를 설명하는 수많은 이론 중에서 사회적으로 중
요하게 거론되어 온 개념은 무엇보다도 건강 노화Healthy Aging
다. 세계보건기구WHO를 중심으로 제창된, 건강하게 늙기를
강조하는 개념이다. 그다음으로 나이가 아무리 들어도 적극
적으로 활동을 촉구하는 활동적 노화Active Aging와 나이에 상
관없이 생산적인 활동을 강조하는 생산적 노화Productive Aging
가 있다. 또한 신체적으로 사회적으로 건강을 지키고 경제적
대비를 하자는 성공적 노화Successful Aging라는 개념이 널리 회

자되고 있다.

하지만 이들 개념은 대부분 젊은 시절부터 노력하여 건강과 경제적 부, 사회적 위상을 노년에 이루기를 전제하고 있다. 그 바탕에는 외형적인 결과와 성과 중심의 누적적인 양적 측면이 강조되고 있다. 따라서 이러한 개념을 부각하면 나이가 들어가면서 위축되기 마련이고 여유가 없는 노인들에게는 오히려 좌절감을 주고 부정적인 영향을 미칠 수밖에 없다.

노인들이 현재 자신의 모습에 실망하거나 자포자기하지 않고 존엄적인 의미를 찾기 위해서는 이를 극복할 수 있는 새로운 개념의 대안이 필요하다. 노인의 적극적인 삶과 노력을 강조하는 긍정적 노화Positive Aging라는 개념이 등장했으나 의미가 뚜렷하지 못했다. 그래서 아무리 여건이 부족하고 힘들더라도 노인들이 자긍심과 당당함을 잃지 말자는 의미에서 당당한 노화Confident Aging라는 개념을 새롭게 제안했다. 그리고 실제 삶에 있어서의 질적 향상과 구체적이고 실천적인 의미를 강조한 웰에이징Well Aging이라는 방향성을 제시했다.

그러나 다가오는 초고령사회에 급증하는 노인들에게 보다 강력한 메시지를 주기 위해서는 더 심도 깊은 개념 정립이 필요하다고 보았다. 그래서 《당신의 100세, 존엄과 독립을 생각하다》(부제: 경험하지 못한 미래, 100세를 살 준비)라는 저서에서 본인이 '늙는다는 것은 거룩한 일'이라고 제창했는데 독자들의 반응이 극과 극으로 나뉘었다. 일부는 긍정적으로 수용하지만 상당수는 어떻게 늙음을 거룩하다고 말할 수 있느냐고 반문했다.

인류의 위상을 확고부동한 진화의 정점에 오르게 한 것은 무엇보다도 죽음에 대한 경배이다. 주검을 매장하고 경배하는 종種은 인간밖에 없다. 함께 살아온 가족이나 친지가 죽었을 때, 방치하지 않고 매장하는 죽음의 의례를 통해 생명의 연속성과 존엄함을 지켜왔다. 인류는 죽음을 이 세상과 다른 특별한 범접할 수 없는 곳으로 떠나는 과정으로 인식하여 주검을 거룩하게 여겼다.

그러나 죽음의 전 단계라고 생각해온 노화에 대해서는 '늙으면 죽는다'는 귀결을 맹목적으로 수용하면서 노화현상을 능동적이거나 긍정적으로 받아들이지 못했다. 이러한 인식이 남아 있는 한 늙음과 고령사회를 바라보는 시각이 부정적일 수밖에 없다. 정말 노화는 어쩔 수 없고 돌이킬 수 없고 죽어가는 과정일까? 생명을 온전하게 지키며 오래 살려고 최선을 다하는 과정을 거룩한 일이라고 부르면 안 될까? 이러한 질문을 진지하게 던져볼 때가 되었다.

21세기 들어서서 노화세포의 특성이 새롭게 밝혀지면서 예상 밖으로 늙은 세포가 젊은 세포보다 외부 스트레스에 의한 세포사멸 유도에 대해서 더 강한 저항성을 가지고 있음이 발견됐다. 개체 수준에서도 마찬가지로 독성 자극에 대하여서 늙은 개체가 더 강한 사멸저항성이 작동하고 있음이 차례로 밝혀졌다. 이러한 결과는 노화란 생명체가 단순하게 죽음에 이르는 일방적인 단계가 아니고 오히려 죽음을 거부하고 저항하는 과정임을 보여주고 있다. 노화를 피동적이고 퇴행적인 현상으로 바라보았던 시각을 벗어나 이제는 능동적이고 생체 보존적인 측면에서 새롭게 이해해야 할 필요가 대두했다.

비록 노화는 증식을 포기하는 대가를 지불해야 하지만, 그 대가를 치르더라도 생존을 보장받는 생명 유지 현상임이 밝혀지면서 늙음의 의미가 특별해졌다. 노화가 죽음으로 가는 단계가 아니라 생존을 추구하려는 생명의 거룩한 노력의 과정임이 분명해졌다. 실제로 백 살이 넘어서도 당당하게 활발히 활동하는 분들을 만나게 되면 저절로 고개가 숙여지며 존경과 위대함을 느끼게 된다. 이분들이 보여주는 적극적인 삶의 태도와 생명을 마지막 순간까지 소중하게 지키려는 의지는 미래 장수사회에 새로운 나침반이 되고 있다. 단순히 나이 들어 늙는다는 이유가 사람을 초췌해지고 뒤로 물러나게 하는 것이 아니라 여전히 앞으로 나서서 적극적인 삶을 추구하는 개척자의 세상으로 진입하라는 지상명령을 받아들이라고 가리키고 있다.

노화가 단순히 죽음으로 이행하는 과정이 아니라 생존을 유지하려는 절실한 생명의 노력임을 알게 되면서 나이듦과 늙음의 의미에 대하여 다시 한번 생각하지 않을 수 없다. '거룩하다'라는 용어의 사전적 의미는 '위대하다, 범접할 수 없다, 귀중하다' 등이다. 백세인들이 오랜 풍상을 이겨내고 지금도 성실하게 살고 있는 모습은 그대로 생명의 위대함, 범접할 수 없음, 귀중함을 노정해주고 있다. 성경에도 하나님이 모세에게 사람이 거룩하고 노인은 공경받아야 함을 강조하면서 하나님과 같게 하라는 계명을 주고 있다. 불경에도 사람마다 나이에 상관없이 유아독존唯我獨尊의 지고한 존재임을 가르치고 있다.

초고령사회를 맞아 늙음이 폄하되고 있는 세상을 보며 미래를 대비하기 위해서는 노화와 노인에 대한 인식 개혁이 시급함을 느끼지 않을 수 없다. 아무리 나이가 들더라도 누구나 당당하게 살 수 있는 세상을 이루기 위해서는 늙음과 노인에 대한 인식을 혁신해야 한다. 이러한 의미에서 나이 들어감이 당당하고 자랑스러운 '거룩한 노화Holy Aging'라는 개념을 새롭게 제안한다. 그렇다. 생명이란 거룩한 것이고 따라서 늙음도 거룩한 노정이 아닐 수 없다.

늙음을 거룩하게 하는
생활강령

인간의 수명이 연장돼 오래 살게 되는 현상은 이젠 돌이킬 수 없는 트렌드다. 장수시대가 도래하면서 우선적으로 중요한 이슈는 개개인이 자신의 건강과 삶의 질을 생의 최종순간까지 어떻게 유지하느냐다. 누구나 염원하는 바는 아픈 상태의 심신으로 자신과 주변을 괴롭히지 않고 당당하게 살다가 죽는 것이다. 이것이 거룩하게 늙는 첫 단추다.

살아가는 과정에서 수많은 금기禁忌를 만나게 된다. 대표적으로 유대교의 십계명이 있다. "야훼 외의 다른 신을 섬기지 말라. 우상을 섬기지 말라. 하나님의 이름을 망령되이 부르지 말라. 안식일을 거룩히 지키라. 너희 부모를 공경하라. 살인하지 말라. 간음하지 말라. 도둑질하지 말라. 이웃에 대하여 거짓 증언을 하지 말라. 네 이웃의 재물을 탐내지 말라." 바로 '하지 말라Do Not'를 강조하고 있다. 사회적 시스템에서 안전을 추구하고 과오 방지를 위해 집단에 적용하는 극히 방어적 방편이다.

반면 격변하는 세상에서 개개인의 장수와 행복을 추구하기 위해서는 이러한 소극적 접근만으로는 불가능하다. 새로운 시대에 부응한 보다 진취적이고 적극적인 태도와 삶의 자세가 필요하다. 그러하기 위해서는 'Do Not'의 계명誡命이 아니라 'Do(하라)'의 능동적인 강령綱領으로 전환해야 한다. 아무리 나이가 들더라도 사람답게 살면서 당당한 모습을 추구함을 웰에이징이라고 한다면, 그것이 바로 적극적이고 능동적인 고령인의 삶의 목표이자 자세다.

어떻게 살아야 하고 생활해야 하는 것이 바람직할까? 건강장수 행동강령의 기본원칙인 강령은 매우 단순하다. 바로 '하자, 주자, 배우자'라는 세 가지 강령이다. 나이가 들면 사람들은 행동의 제약을 크게 받게 된다. 우선적으로 사회적인 제약이다. 나이에 따른 제한, 정년퇴직을 비롯한 각종 사회적 연령 한계 제도가 활동범주 행동패턴을 크게 제한한다. 그러나 더 큰 제약은 자신 스스로에 의한 굴레다. "나이가 들었는데……", "무슨 이 나이에……", "차라리 가만히 있는 것이 낫지" 등등의 자기폄하적 사고에 의한 망설임과 주저함 그리고 자기포기적인 사고가 팽배해 스스로 한계를 설정하는 일이 흔하다. 강령은 이러한 한계를 돌파하기 위한 전제조건이다.

첫째, '하자Do It, 行之'라는 원칙이다. 망설이지 말고 하자. 그러나 '하자'라는 의지를 관철하기 위해서는 구체적 방안도 설정해야 한다. 무엇보다도 먼저 '하고 싶은Will Do' 것을 찾아서 젊었을 때 바빠서 못 해본 것을 여유를 가지고 해보는 것이다. 그렇다고 무리해서 과도한 욕심을 내는 것은 금물이다. 자신의 능력과 여건을 고려해 '할 수 있는Can Do' 일을 하는 것이다. 나이듦이 젊음과의 차이점은 완충력이다. 신체적 정신적 고통에서 버티는 대응력resilience이 부족한 점을 인정하고 절대 무리하게 추진해서는 안 된다. 당장 할 수 있는 일부터 시작해 확대 발전해가는 끈끈한 노력이 필요하다. 그리고 나이가 들

19

어서는 어떤 일을 하든지 '함께 하는Let's Do' 것이 중요하다. 무슨 일을 하겠다고 결심했지만 나이가 들어서는 빨리 피곤해지고 의욕이 쉬이 줄어들어 여러 핑계가 자연스레 발생하기 마련이다. 친구와 또는 이웃과 가족과 누구든지 함께하는 사람이 등장하면 그만두고 싶더라도 한 번 더 망설이고 다시 하게 되므로 무슨 일이든지 함께하면서 나갈 수 있는 방안을 강구해야 한다.

둘째, '주자Give It, 與之' 원칙이다. 고령사회가 되면서 가장 큰 이슈가 되는 것은 복지 문제다. 유교 문화권에서는 노인봉양과 장유유서가 사회관습의 근간을 이루었기에 노인복지에 대한 공감대가 매우 컸다. 그러나 현대에 이르러 기존의 효도 시스템이 붕괴되고 노인은 더 이상 존경의 대상이 아니고 복지 수혜의 대상으로 바뀌면서 사회적 문제로 전락되어가고 있다.

이러한 위기를 탈피하기 위해서는 노인은 '받는 자' 이미지에서 '주는 자' 이미지로 전환돼야만 한다. 나이가 들어 돈도 없고 몸도 신통치 않아 줄 것이 없다라고 자조할 수도 있지만 주려고 마음먹으면 줄 것은 많다. 더욱이나 오래 살아온 만큼 누적된 경험과 살림살이가 많기 때문에 나누어주는 노력을 기울여야 한다. '주자'의 원칙은 바로 나눔이다. 인간은 받을 때보다 줄 수 있고 나눌 수 있을 때 훨씬 더 큰 마음의 행복과 보람을 느끼게 된다.

셋째, '배우자Prepare It, 擘之' 원칙이다. 사람들은 나이가 들면 새로운 것을 배우고 습득하는 것을 망설인다. 배워서 무엇을 하겠느냐는 목적상의 갈등도 있지만, 동기부여도 없고, 세상사에 별로 흥미를 느끼지 못하기 때문이다. 은퇴 후 관광이나 다니면서 즐기다 죽기에는 남은 세월이 너무도 길다. 은퇴 후 새로운 세상에 들어가기 위해서는 새로운 교육을 받아야 한다. 더욱 나이가 들면 머리로 배우는 것도 중요하지만 몸으로 배우는 일에 더 열중해야 한다. 머리는 기억력이 있지만 몸은 기억력이 없기 때문에 몸을 더욱 열심히 움직여서 배워야 한다.

새로 배우지 않는다면 은퇴 후에 할 수 있는 일도, 하고 싶은 일도, 함께 할 일도 없어지게 된다. 따라서 나이가 들수록 더욱 새로운 것을 열심히 배워서 내 것으로 체화하는 일을 해야만 한다.

이와 같이 '하자, 주자, 배우자'의 자세로 나이듦을 맞게 되면 늙음이 거룩한 노정이 될 수 있을 것임은 분명하다.

백세 장수의 진입로

최장수 MC로 기네스북에 등재되고 국민 MC로 사랑을 받은 송해의 갑작스런 부음은 사람들에게 안타까움과 놀람을 줬다. 아흔 넘어서도 무대에서 젊은 사람들과 허물없이 어울리는 모습은 나이듦의 거룩함을 느끼게 하는 감동을 줄 뿐 아니라 연륜으로 쌓인 여유와 포용성에 옷깃을 여미며 존경을 보내게 했다. 그의 건강장수 요인에 대한 해설을 빈번하게 요구해 와서 95세가 되면 우선적으로 인터뷰할 예정이었는데 그러지 못하여 아쉽기 짝이 없다. 굳이 95세를 고집한 이유는 적어도 아흔다섯 살이 되어야 장수인으로 인정될 수 있기 때문이다.

노인을 규정하고 장수를 인정하는 연령을 정하는 일은 간단하지 않다. 널리 통용되는 65세 규정은 생물학적 근거에 의하지 않고 정치적 목적에 의하여 임의로 정해진 것이다. 1889년 독일 수상 비스마르크가 사회주의에 맞서 제국을 수호하기 위해 65세 이상의 주민은 국가가 책임지고 보장한다는 노인복지정책을 발표한 이래 묵시적으로 65세 이상이 노인으로 규정됐다. 그보다 어린 60세를 노인으로 규정하는 국가들도 아직 많다.

일괄적 노인 규정의 한계가 드러나면서 사회적 대응을 위하여 연령별로 구분할 필요가 대두하고 있다. 고령 인구가 크게 증대되면서 연령대에 따른 신체적 정신적 기능에 큰 차이가 있음이 분명해져 갔다. 특정 연령 이상을 무조건 노인으로 규정하여 사회적 활동을 제한할 것이 아니라 연령을 세분하여 차등화한 공적 책임과 의무를 담당하게 하는 방안 개발이 요구되고 있다. 일부 학계에서는 65세 이후를 약로若老, Young Old, 75세 이후를 중로中老, Old Old, 85세 이후를 상로上老, Oldest Old로 구분하고 있다. 고령화가 가장 심한 일본에서는 노인연령을 75세 이상으로 상향하자는 신노인운동이 히노하라 시게아키 선생을 중심으로 전개되었다.

장수로 인정하는 연령도 크게 변하고 있다. 평균수명이 50세가 되지 못하던 시절에는 회갑인 60세도 장수였으며 70세에 이르면 조정에서 일정 품계 이상의 노인은 기로사耆老社에 등록하고 양로연을 베풀었다. 흥미로운 사실은 최장수 지역으로 알려진 오키나와에서는 96세를 장수연령으로 정하고 가지마야風車라는 축하잔치를 베풀고 이후 사망하면 천수天壽했다고 인정하는 전통이 있다. 장수라는 개념은 지역과 전통에 따라 상대적으로 수용되어 왔다.

초고령자 조사에서 현실적으로 문제가 되는 것은 연령 확인이다. 초고령자의 경우 국내외적으로 연령 과장이 심하기 때문에 국제학회에서는 백세인 관련 보고를 할 때 반드시 연령 확인에 대한 원칙과 근거를 밝혀야 한다. 우리나라의 경우 20여 년 전 처음 백세인 실태를 조사하면서 만난 분들은 1890년대 공적 기록이 미비한 시절 출생하였으며, 최근 백세인까지도 한일합방 직후 호적 시스템이 체계화되지 못한 상황에서 출생하여 공적 연령 확인이 간단하지 않았다. 더욱이 백세인 대부분은 문맹이어서 연령 인식도 명확하지 않았을 뿐 아니라, 태평양전쟁과 6·25전쟁으로 징병을 기피하기 위한 연령기만도 많았고, 높은 영아사망률로 출생신고를 늦추는 경향이 있어서 실제 연령에는 변수가 많다.

보다 더 큰 문제는 우리나라의 연령체계 자체가 여러 가지로 나뉘어 있어 혼란을 가중하고 있다. 음력나이와 양력나이만이 아니라, 출생하면 바로 한 살로 여기는 전통적 연령시스템과 대립되는 서양식 연령시스템이 혼재되어 있어 연령 확인 시 세심한 조심이 필요하다. 백세인의 경우 연령 확인을 위해서는 당사자의 출생연도 간지와 첫째 자식의 연령을 확인해야 한다. 과거에는 십 대에 조혼하여 스물이 되기 전에 출산하는 일이 보통이었기 때문에 객관적 검증이 보다 쉬운 첫째 자식의 연령은 매우 중요한 지표이다. 그리고 이웃이 있으면 반드시 그분들과의 관계에서 연령을 사회적으로 재확인하는 과정을 거친다.

이렇게 까다로운 과정을 거쳐 확인된 백세인을 대상으로 분석이 이루어져야 진정한 백세인 조사로 인정된다. 확인절차 여부에 따라 현재 우리나라 복지부와 통계청이 발표하는 백세인 숫자가 크게 차이가 난다. 연령 확인 과정에서 백 살이 미처 못되었지만 이미 주위에 백세인으로 알려져 온 분들이 많다. 백세인 조사한다고 찾아가서 나이가 한두 살 차이가 난 다고 조사하지 않고 나오기도 민망할 때가 많다. 그래서 백 살 가까운 분들은 모두 조사하기로 결정하고 커트라인을 정한 것이 95세였다.

실제로 현장에서 보면 95세라는 연령이 매우 중요한 전환점임을 알 수 있다. 95세 고개를 넘어서면 바로 백 살로 진입할 수 있는데 그러지 못하고 이 연령대 부근에서 수많은 분들이 세상을 떠나는 모습을 흔하게 본다. 바로 최빈사망연령 구간이 장수의 선진국이라는 일본·프랑스 등에서도 92세 부근이며 우리나라도 이에 근접하고 있다.

95세 바로 직전 연령이 최빈사망연령이라는 사실은 이 고비를 넘기가 쉽지 않다는 증거이다. 따라서 이 고비를 넘어선 분들을 장수인으로 인정하고 있다. 이러한 분들도 연령에 따라 95세 이상을 준백세인semi-centenarian, 100세 이상은 백세인centenarian, 105세 이상은 준초백세인semi-supercentenarian, 110세 이상을 초백세인supercentenarian으로 구분하고 있다.

생명 질서의 삼강오륜

공자孔子가 일찍이 주창한 삼강오륜三綱五倫은 군신, 부자, 부부, 장유, 붕우 등 사회 구성 요원들의 관계에 대한 윤리적 규범으로 사람 간의 받들고忠, 용서하는恕 행동을 지상목표로 가르치고 있다. 이러한 사회적 삼강오륜은 서로 다른 입장을 가진 구성원 간의 질서를 강조하면서 온전한 세상을 이루는 바탕이 되고 있다. 그렇다면 수많은 구성성분인 분자들로 이루어진 생체는 어떤 질서에 의하여 온전하게 운용되고 있을까? 생체 분자들에게 요구되고 있는 삼강오륜과 같은 원칙, 생명 질서의 본질적 원리를 세 가지로 요약해본다.

첫째 기다림의 원리待之綱이다. 생명이라는 목적을 달성하기 위하여서 모든 생체분자들은 반드시 주어진 기능을 발휘해야만 한다. 적절한 기능은 올바른 짝을 만나 반응해야 하기 때문에 주어진 공간에서 짝을 찾기 위하여 헤매어 다닐 수밖에 없다. 그 과정에서 기다림은 당연한 운명이다. 따라서 생체를 구성하는 생체분자들은 기다림을 바탕으로 그리움을 배태한 속성을 가지고 있다.

둘째, 만남의 원리會之綱이다. 생체분자들은 운명 지워진 짝과 만나야만 생명활동을 할 수 있다. 만나서 주어진 기능을 발휘할 때 무턱대고 하고 싶은 대로 활동해서는 안 된다. 생체분자는 반드시 주어진 상황에서 다른 생체분자들의 기능과 조화를 이루어야 하여, 이러한 생체분자들의 조화된 활동들이 모두 적분되었을 때 오로지 온전한 생명현상으로 귀결된다. 온전한 삶의 유지에 어긋난다면, 다른 어떠한 방탕이나, 자의가 허용되지 않은 분자들의 만남은 따라서 어울림이라는 당위적 속성을 가질 수밖에 없으며 이러한 어울림에는 반가움이라는 기쁨이 비롯되어 나온다.

셋째, 헤어짐의 원리別之綱이다. 생체분자는 기능을 위하여 정하여진 짝을 만나야 하며, 이러한 만남에서 생명현상이 이루어진다. 그러나 계속 만나고 있을 수만은 없다. 이러한 만남의 계속은 생체에 특정 기능의 불균형적 지속을 초래하기 때문이다. 생체 전체로서의 균형적 삶을 위하여서는 아무리 그리워하다가 만났어도 헤어져야 할 때는 아무리 아쉽더라도 반드시 헤어져야 한다. 따라서 생체분자들의 만남에는 헤어짐이 필요조건으로 요구되고 있다.

이러한 생체분자들의 기다림과 잘못 없는 만남 그리고 헤어짐을 통하여 생명이라는 거룩한 목적이 온전하게 달성될 수 있다. 생체분자들이 그리워하면서 기다리다가 만나면 반갑게 어울려야 하고 아쉽더라도 헤어져야만 하는 세 가지 속성을 생체분자의 삼강三綱이라고 정의한다.

이렇게 삼강을 바탕으로 움직이는 생체분자들이 실제로 생명활동을 전개하는 과정에서 지켜야 할 행동규범은 무엇일까? 생체분자들이 반드시 지켜야 하는 행동지침을 다섯 가지로 요약해본다.

첫째, 순서의 엄연함順序之道이다. 생명현상이 온전하게 진행되려면, 생체분자들의 생성과 소멸, 작용과 반작용이 모두 한 치의 오차도 없는 순서에 따라 진행되어야 하며 생체분자 의 구성요건도 절대적으로 서열을 따라야 한다. 바로 이러한 생체분자의 순서와 서열을 지키는 질서가 생명현상을 이끌어 가는 데 결정적 요인이다.

둘째, 지조의 예절志操之禮이다. 생체분자는 자신에게 부여된 기능을 발휘하기 위하여서는 반드시 주어진 짝과 만나서 선택적으로 작용하여야 한다. 아무하고나 마구잡이식으로 반응할 수 없다. 자신에게 정하여진 짝을 찾아 반응하여야만 생체분자의 기능이 보장되고, 질서가 유지되는 근원이 된다.

셋째, 안분의 절제安分之節이다. 생체분자들은 반드시 생체 내에서 위치하여야 할 공간에 그리고 존재하여야 할 시간에 있어야 한다. 생체분자의 기능을 확실하게 보장하는 중요한 요건 중에 하나가 바로 생체분자의 위상적 선택이다. 아무 데서나 아무 때나 생체분자는 기능을 발휘하지 않는다. 반드시 자신에게 부여된 적정한 공간에 위치하여 적정한 시간이 되었을 때 비로소 맡겨진 기능을 발휘하고, 존재 가치를 빛낼 수 있다.

넷째, 협동의 묘協同之妙이다. 생명현상을 이끌어가는 생체분자들에게 잘나고 못나고, 중요하고 사소하고의 차이는 없다. 모든 생체분자 하나하나가 생명현상에 절대적으로 중요한 필수요원이다. 모름지기 생명현상의 근간이 되는 대부분의 반응은 생체분자들이 평형에 이르려는 방향으로 추진된다. 그러나 생명현상에는 특별한 위상에서는 비가역적으로 진행되어야 할 뿐 아니라, 위기 상황에서 신속하게 대처하거나, 중요한 시스템의 방향을 변환시킬 필요가 있을 때에는, 생체분자들은 협동이라는 특별한 시스템을 설정한다. 생체의 중요한 제어 반응은 서로 뭉쳐서 새로운 차원의 힘과 방향을 갖추는 협동의 법칙을 순순하게 따랐을 때 비로소 온전하게 진행된다.

다섯째, 화생의 덕化生之德이다. 세포 내에서 활동하는 생체분자는 어느 것 하나도 원래 그대로가 아니다. 생체 내에 들어와 대사적으로 변환되어 생체에 맞는 형태로 바뀌어야 하며, 양적 조율도 함께 이루어져야 한다. 생체분자는 세포 내에서 변화함으로써, 삶에 필요한 존재로 화생化生하는 덕德을 갖추고 있다. 이와 같은 화생은 바로 자기희생이며, 이를 바탕으로 생명이라는 공동선共同善을 가능케 해주고 있다. 생체분자가 갖추고 있는 다섯 가지의 덕목德目은 생명이 유지되는 데 갖추어야 할 질서의 근원이며, 이를 생체분자가 지켜야만 하는 오륜五倫이라고 정리해본다.

생명이라는 공동체를 유지하기 위하여 구성원인 생체분자에게 부여된 기다리고 만나고 헤어지는 삼강의 원리에는 그리움과 반가움과 아쉬움이라는 정情이 본체로 내재되어 있다. 이러한 생체분자들은 만남을 씨줄로 하고 어울림을 날줄로 하여 생명이라는 아름다움을 빚고 있다. 그러면서 순서, 지조, 안분, 협동, 화생의 질서를 지키는 생체분자들의 행동규범은 생명의 거룩함을 견지하는 절대 조건이 되고 있다.

불멸을 향한 인간의 도전

인류가 다른 동물들과 차별화되어 만물의 영장이라는 위상으로 진화한 기술적 이유로는 두 발로 서기, 손을 사용하기, 도구와 불을 이용하기, 조리기구의 발명을 들 수 있다. 그 결과 인류는 환경적 위협 요인으로부터 생명을 보존해왔고, 영양 상태를 크게 개선하여 뇌의 발달을 가져왔다. 나아가 언어와 문자의 발명으로 후속 세대에게 생각과 문화를 전승해 지식의 축적을 이뤘다. 그리하여 사회적 정신적 차원에서의 인지적 행위가 새롭게 부상하면서 여느 동물들과 달리 인간은 꿈을 꾸고 미래를 추구하는 특별한 능력을 갖추게 된 것이다.

이 과정에서 가장 주목받는 사건은 주검을 매장하는 풍습이다. 어떤 동물들과도 달리 오직 인류만 조상과 동료, 가족과 이웃이 죽으면 시신을 방치하지 않고 매장했다. 매장이라는 의례를 통해 인류는 사후세계와 불멸의 세상에 대한 상상의 나래를 펴왔다.

인류의 꿈과 상상은 현생의 4차원 세계에서 미지의 5차원, 6차원 세상으로 나아갈 수 있다는 기대치를 가져왔다. 시신을 매장하면서 죽음과 연계된 영생을 희구하는 신화를 빚은 인류는 다른 동물들과는 차원이 다른 면모를 갖추게 됐다. 그러나 죽음에 임하는 태도는 동서양 문화권에서 각각 독특한 양상으로 발전했다.

인과응보의 강제적 비관용적 징벌임을 강조하는 서양의 사후세계와 달리 동양에서는 저승이 필연적이지만은 않은 곳으로 여기고, 현생을 다른 생으로 이행하는 중간 장소라고 인식했다. 심지어 지옥의 나락에 빠지더라도 자신을 구제해주는 지장보살과 같은 존재가 있다고 믿었기에 서양과는 분명하게 차별화되어 왔다. 죽음을 인지하여 발생한 불로장생의 꿈은 인류 발전의 가장 핵심 동력이 되어왔으며, 죽음에 대한 인식과 태도의 차이는 동서양의 문화, 철학, 윤리에 엄청난 차이를 빚었다.

신화적이고 신비적이었던 불멸의 꿈이 최근 과학기술의 발전과 더불어 죽음 거부를 현실화하는 구체적 노력으로 바뀌어가면서 인류는 신에 버금가는 만능과 영생을 획득하려는 도전을 벌이고 있다. 죽음에 대한 인류의 입장이 전혀 다른 차원으로 변화되면서 불멸과 죽음의 관계와 의미에 대하여 숙고하여야 할 때가 됐다. 생명현상에서의 죽음의 의미를 개체 수준과 세포 수준에서 살펴볼 필요가 있는 것이다. 생명체를 구성하는 일반 세포가 일정한 수명을 가지고 있다는 헤이플릭 가설이 발표된 이래 생체도 수명의 한계가 있음은 당연한 진리로 수용되어 왔다.

그러나 과학기술 발전에 따라 인위적 조작에 의하여 세포의 불멸화에 성공했다. 유전자, 발암물질, 방사능 등을 처리하여 정상세포를 임의적으로 영구화하거나 암세포로 전환할 수 있게 됐다. 더욱이 일반 세포에 단 네 가지 유전자 전사인자를 이입하면 줄기세포가 만들어지고, 이들은 기본적으로 만능분

화능을 가질 뿐 아니라 암 유발 가능성도 가지고 있음이 밝혀졌다.

정상세포를 간단한 실험실적 방법을 통해 불멸화하거나 암으로 유도할 수 있다는 사실은 생명과학계에 중요한 메시지를 던졌다. 일반 세포는 철저하게 규제를 받아 부여된 특정 공간에서 특정 시간만 살다가 떠나야 한다. 반면 암세포는 무한대로 증식하고 생체 어떤 부위에도 전이하여 생존한다. 암세포는 규제를 받지 않고 주위 상황에 상관없이 독단적으로 생존하고 증식하기 때문에 결국 개체에 암을 확대하여 생명체 전체를 훼손하고 죽음에 이르게 하고야 만다.

결국 세포 불멸화의 생물학적 대가는 개체의 죽음이라는 엄중한 결과를 가져올 수 있다. 무작정 증식하고 무한정 생존하는 불멸화의 위험성과 폐단은 이미 생명계에 진화적으로 예고되어 있었다. 세포의 경우 불멸을 선택하면 결국 암이라는 엄정한 대가를 지불해야 한다는 자승자박自繩自縛의 한계를 내재하고 있다. 실제로 이러한 방법을 원용하여 수명을 연장하고 노화를 극복하려는 시도들이 적극적으로 추진되고 있으나 대부분의 경우 암을 유발할 가능성이라는 위험에서 자유로울 수가 없다.

개체의 죽음을 정확하게 정의하자면 단위세포들의 죽음이 완결되는 순간이지만 세포의 입장에서는 죽음이란 생체 내에서 다반사로 전개되는 일련의 생명현상일 뿐이다. 정상적인 세포의 경우에는 죽음에 대한 갈등이 전혀 없다. 조직과 개체의 발생과정에서 위치와 시간에 따라 죽어야 할 세포는 죽어야만 하기 때문이다. 패턴 운명을 가진 세포들의 죽음을 통해 온전한 기관형성이 이루어지고 생명활동이 유지된다. 시간과 공간의 상황에 맞추어 위상적으로 전개되는 세포의 죽음은 전체로서의 생명체를 위한 중요한 조건이 되며 당위적인 현상이다.

그렇지 않으면 생체에게는 기형畸形이라는 체벌이 가해진다. 즉 정상세포는 살아가기 위할 뿐 아니라 죽기 위해서도 필요한 정보를 스스로 가지고 있다. 이와 같이 생체의 프로그램에 따라 일정하게 일어나는 예정사apoptosis는 염증도 일으키지 않을 뿐 아니라 자신의 구성성분을 환원해 이웃 세포들에게 공급해주면서 조용한 죽음의 길을 가면서 개체의 생존을 추구하는 살신성인殺身成仁의 덕을 보여주고 있다.

그러나 또 다른 세포 죽음의 형태인 괴사necrosis는 열, 방사능, 화학물질, 독물 등과 같은 환경적 요인에 의한 예정되지 않은 사고로서 염증을 유발하고 각종 질병의 원인이 된다. 세포들은 죽음 질서를 통하여 암에 걸리지 않고 조직과 기관이 온전한 기능과 형태를 갖추게 궁극적으로 생명이라는 대명제를 완성한다. 생과 사의 배타적 현상이 조화적 균형에 바탕을 두고 있는 것이다.

생체를 구성하는 세포가 따라야 하는 죽음의 질서는 생명의 엄숙함을 보여주고 있다. 또한 인류는 죽음을 특별하게 수용하여 주검경배라는 의례를 만들면서 진화되고 발전하여 만물의 영장이라는 위상을 갖췄다. 이러한 올바른 죽음의 질서와 주검에 대한 경배가 생명을 거룩하게 하는 근간을 이루고 있다.

인간의 수명을 늘려준 과학

장수인長壽人이라는 용어를 단순한 연령적, 시간적 개념에서 인식해야 할 것이 아니라, 보다 능동적이고 적극적인 삶을 영위할 수 있는 새로운 계층의 출현이라는 개념으로 인식해야 할 시점이 됐다. 따라서 장수문화란 종래의 연령적 노인문화라는 개념이 아니고, 연령을 초월해 고령사회에서 사회 구성원인 인간들이 남녀노소 모두 함께 고령자 중심으로 어우러져 인간으로서의 존엄성을 유지하면서 건강하게 살며 사회적 책임을 다할 수 있는 관념 및 규범 체계로 새롭게 해석돼야 한다.

사회 구성원 누구나 함께 건강장수를 추구하며, 존재 가치를 인정받고, 능동적 생활을 영위하기를 요구하고 있으며, 궁극적으로는 고령자들이 당당하고 보람 있는 삶을 살아가는 세상을 목표하여야 한다. 그러기 위해서는 나이 들어 신체기능이 저하된 인간의 능력을 보완 증강해줄 수 있는 과학기술의 역할이 크게 기대될 수밖에 없다.

16세기 토마스 모어가 《유토피아》를 저술할 때만 해도 과학기술이 사회문제를 완벽하게 해결할 수 있으리라고는 기대하지 못했다. 그러나 17세기 들어서 과학기술에 대한 신뢰도가 커지면서 프랜시스 베이컨은 과학기술의 발전으로 인간의 욕구가 충족되고 행복을 이룰 수 있다고 믿었다. 그러나 19세기, 20세기로 접어들며 과학기술이 대량살상의 전쟁 도구가 되고 제국주의가 등장하며 인성이 파괴되는 디스토피아의 세계로 이끌 수 있다는 경고가 현실화됐다.

하지만 이후 등장한 공상과학Science Fiction 작품들은 로봇으로 대체되는 인간의 모습을 그리며 〈육백만 불의 사나이〉, 〈배트맨〉, 〈수퍼맨〉, 〈어벤저스〉 등으로 발전하며 초인간적 능력을 가진 새로운 생명체로서의 인간상을 부각하고 있다.

보통 사람이 할 수 없는 어려운 업무를 사이보그들이 가진 초능력으로 해결해 인간의 고통을 덜어주고 재난을 막아주는 정의로운 존재로 등장하면서 인류에게 과학기술의 미래에 대한 보랏빛 공감대를 형성했다.

그러나 과학기술은 효율과 편리 추구를 주목적으로 하고 행복 추구는 그 목적에 없기 때문에 과학기술 발전이 인간의 행복에 미치는 영향에 대해서는 보다 심각한 고민을 해야 할 필요가 대두되고 있다. 과학기술이 초래하는 인간관계의 질적 변화와 이에 따른 사회질서와 삶의 질의 변화가 일으키는 인간의 존엄성 문제가 심각하게 부상되고 있기 때문이다.

지금까지 인류가 접해온 세상에서 인간은 성장하며 사회적 활동을 하는 과정에서 기본적으로 직접적이고 신체적인 접촉을 통해 대화를 나누고 감성을 교환해왔다. 직접적 접촉을 통해 감성이 증대됐고 서로 간의 관계를 긴밀히 유지할 수 있었다. 부모자식, 부부, 동료, 이웃 사람 간에도 이러한 접촉으로 끈끈한 관계를 맺을 수 있었다. 그러나 정보혁명 이후의 인간들은 직접적 접촉보다 각종 전자통신매체를 이용한 간접적 접촉으로 연결되고 있다.

문명의 이기를 통해서 간접적으로 관계를 맺게 되면 편리하게 보다 많은 사람들과의 양적 관계를 확대할 수 있는 반면, 서로 간의 관계의 질적 강도는 축소될 수밖에 없는 것은 엄연한 사실이다. 효율과 편리성을 강조해 생성된 보편 개념이 인간적 유대를 강조한 연대 개념과 트레이드오프되면서 인간의 존엄성에 미치는 과학기술 발전의 영향에 대해 고심할 때가 됐다. 더욱 과학기술 혜택의 연령적 차별이 점점 심해져가는 상황은 이러한 문제점을 더욱 심각하게 제기하고 있다.

존엄성尊嚴性은 "감히 범할 수 없는 높고 엄숙한 성질" 혹은 "인간이 인간이기 때문에 가지는 부정하거나 범할 수 없는 고상한 성질"이라고 사전에 정의되어 있다. 임마누엘 칸트는 존엄성에 대하여 《윤리형이상학 정초》에서 "이 세상 모든 것들은 가격을 갖거나 아니면 존엄성을 갖는다. 가격을 갖는 것은 같은 가격을 갖는 다른 것과 교환되거나 대치될 수 있다. 그러나 이에 반해서 같은 가격을 갖기를 허용하지 않거나, 모든 가격을 뛰어넘는 것은 존엄성을 갖는다"라고 정의하면서 인간 세상의 모든 것들은 둘 중 하나에 속한다고 했다.

존엄성이란 가격을 뛰어넘는 가격을 매길 수 없는 것이며 바로 인간의 본질임을 강조했다. 인종, 성별, 종교, 사상, 문화 그리고 연령의 차이와 무관하게 모든 인간은 평등하고 존엄한 존재라는 가치와 이념은 더 이상 물러설 수 없는 인간의 최고 원리이다. 인간을 단순한 수단이 아니라, 목적 그 자체인 존엄한 존재로 대하라는 도덕적인 명령과 요구는 인간에게 가장 중요한 실천 명령이고 요구라는 칸트의 통찰력을 되새겨보면서 아무리 나이가 들어도 변함없는 존엄성을 갖는 인간의 모습을 그려본다.

인간답게 산다는 것은 매우 중요하다. 인간으로서의 가치와 존엄성에 대한 만족할 수 있는 행복한 삶을 살아야 한다. 그런데 흥미로운 사실은 세계 전 지역의 행복지수를 비교 조사해 보았을 때, 의외로 행복지수가 높은 나라에 부유한 국가가 아니라 가난한 나라가 많다는 것이다. 바로 행복지수의 패러독스이자 행복의 패러독스이다. 이러한 사실들은 인간이 사회적 한계에 대해서 적절하게 수용하고 달관해버리면 제도적 경제적 문제도 결정적인 영향을 미치지 못하고 있음을 보여주고 있다. 경제적 부도 아니고 사회적 제도도 아니라면 결국 새로운 세상인 미래세계에서 인간의 가치와 존엄성을 높일 수 있는 방안은 어떤 것이 될 것인가?

바로 인간다운 존재로서의 자긍심과 가치를 바탕으로 하는 사회적 가치를 부여해줄 수 있는 방안을 확보해야 할 것이다. 과학기술 발전에 따라 인간 수명이 증가하고 능력이 확대되어감에 따라 문제는 더욱 커져갈 수밖에 없다. 장수사회를 맞으며 나이 든 사람들도 가치를 인정받아 인간으로서의 존엄성을 견지할 수 있도록 도와줄 수 있는 과학기술의 발전방향을 심각하게 고려해야 할 때가 되었다.

노련해질 것인가,
노쇠할 것인가

예부터 일을 능수능란하게 처리하면 노련老鍊하다고 했고, 훌륭한 리더십을 발현하면 노숙老熟하다고 칭송했다. 노형老兄, 장로長老, 노대가老大家 등은 나이 든 사람들에 대한 존칭이었다. 그런데 청춘문화가 범람하고 기계문명에 의한 이기가 등장하며 속도와 효율이 강조되면서 노인의 위상이 노둔老鈍, 노쇠老衰, 노약老弱으로 격하되면서 노인에 대한 부정적 시각이 팽배해가고 있다. 장수시대를 맞아 보다 긍정적인 시각으로 노인을 바라보게 할 수는 없을까 고심해본다.

노화 연구를 업으로 삼아온 나 자신도 생체의 기본단위인 세포와 동물을 대상으로 실험하다가 확대 발전해 인간의 노화에 대한 노화종적 관찰 연구를 오랫동안 추진해왔으나, 이러한 과정에서 노화란 어쩔 수 없고 돌이킬 수 없다는 운명론적 사고를 벗어나지 못했다. 이어서 인간이 늙어 죽게 되어 있다면 생의 마지막 단계에서 생명을 유지하기 위한 최소한의 조건은 무엇일까라는 질문을 하게 되었다.

그래서 생의 최종단계에 있는 백세인을 대상으로 한 노화 연구를 통해 답을 구하고자 했다. 백 살 정도 되신 분들은 죽기 직전의 상황으로 당연히 의기소침하고 신체생리기능도 형편없을 것으로 예상하면서 방방곡곡을 다니며 찾아가 면담을 했다. 그러나 놀랍게도 백세인들이 인간에게 필요한 규범인 인의예지仁義禮智의 사단四端을 지키고 희로애락애오욕喜怒哀樂愛惡慾의 칠정七情을 발산하며 당당하게 살고 있는 모습을 보게 되었다. 백세인 어느 누구 하나 삶을 포기하거나 더불어 살려고 하지 않는 분이 없었다. 노인에 대한 부정적 편견으로 가득 차 있었던 나의 생각이 얼마나 어리석었는가를 깨닫기 시작했다.

그뿐만이 아니었다. 여전히 공부하고 자기계발에 열중하

는 분, 기업을 직접 운영하는 분, 젊은이 못지않은 봉사활동을 하는 분들과 같은 백세인들을 만나며 백 살이 넘어도 홀로 당당하게 살고 있는 현실을 보면서 인간의 고령화에 대한 새로운 비전을 가지게 되었다. 백세인은 생의 마지막 단계에 있는 것이 아니라 아직도 피가 끓는 생명의 열기와 욕망을 가지고 있음을 적나라하게 보여주었다. 백 살의 나이에도 개인적으로나 사회적으로도 당당하게 살아가는 모습은 장수시대를 맞아 기존의 틀에서 벗어난 나이듦의 새로운 가능성을 열어주고 있다.

영어로 'aging'을 번역할 때 보통 노화 또는 늙음이라고 번역하지만 진정한 의미는 '나이듦加齡'이다. 나이듦을 다시 자람成長과 늙음老化으로 구분할 수 있다. 나이 들면 들수록 더 좋아지고 더 커지고 더 많아져 가면 자람이다. 반면 나이 들수록 더 나빠지고 더 작아지고 더 줄어들면 늙음이다. 자람의 시기에는 자신의 선택을 통해서 미래를 위한 능동적 노력을 하고 있지만 늙음의 시기에는 선택을 포기하고 과거를 향하여 피동적으로 밀려나고 있다.

그렇다면 몇 살까지 자람이고 몇 살부터 늙음이 되는가?

그 경계선이 30살인가 50살인가, 70살인가? 사회적으로는 연령을 바탕으로 노인을 규정해 정년과 은퇴를 결정하는 시도가 만연하고 있다. 그러나 자람과 늙음의 차이는 연대적 연령이 아니라 자신의 독자적 선택에 따라 이뤄짐이 분명하다. 내 자신의 의지에 의한 능동적인 선택을 통해서 책임지고 나가면 자람은 계속되게 마련이다. 따라서 나이듦을 늙음이 없는 무제한 자람으로 만드는 세상의 주인공이 되어야 한다.

나이듦의 당당함을 견지하기 위해서는 스스로의 노력이 선행돼야 하며 남에게 의존적이지 않는 독립적 삶을 영위해야 한다. 무엇보다도 일상생활능력ADL과 도구적 생활능력IADL을 갖춰 자신의 일상생활을 독립적으로 유지하는 것이 중요하다. 신체적 건강과 정신적 건강을 지켜야 하고 이웃과의 관계를 돈독히 유지해야 한다. 또한 과학기술 발전에 따른 문명의 이기를 활용하는 데 주저함이 없어야 한다. 자신의 삶을 독립적으로 운용하기 위한 모든 수단과 방법을 적극적으로 활용하는 의지를 가져야 한다. 자식세대들에 대해서도 의존하지 않고 포용하는 대범한 자세가 필요하다.

버트런드 러셀이 《행복의 정복》에서 언급한 말을 되새겨

볼 필요가 있다. "젊은이들이 나이 많은 사람의 삶을 좌지우지하려고 시도하는 경우가 있다. 이것은 옳지 못한 행동이다. 마찬가지로 나이 많은 사람이 젊은이의 삶을 좌지우지하려는 것 역시 옳지 못하다." 연령의 한계를 벗어나 서로 당당하고 대등해야 함을 강조하고 있다. 아무리 나이가 들어도 내 스스로 선택해 책임지는 삶은 독립정신을 필요로 한다.

최근 구곡순담(구례·곡성·순창·담양) 지역 백세인 연구에서 전남대학교 이정화 교수팀이 분석한 자료에 따르면 백세인의 경우 자기부양비율이 높을수록 삶의 질이 양호하다고 했다. 자식이나 지역사회에 의존하지 않고 자신을 직접 지키고 책임질수록 행복함을 보여주었다. 나이 탓하지 말고 남 탓하지 말고, 하자 주자 배우자의 의지로 자신을 책임지는 독립적 삶을 추구해야 할 때이다.

생명현상의 생로병사 무엇 하나 문제없이 넘어가는 것이 있는가? 산다는 것은 문제투성이고 고통을 빚는 일의 연속이지만 그래도 생명을 거룩하게 보는 이유는 무엇인가? 어떠한 간난신고에도 불구하고 생명을 지켜내기 위해 최선을 다하는 숭고함을 보여주기 때문이다. 더욱이 백 살이라는 나이에도 젊은 사람들과 비교해 손색없는 삶을 사는 모습은 생명의 엄숙한 현실이 아닐 수 없다.

거룩한 생명을 거룩한 나이듦으로 지키기 위해서는 나이든 사람들이 멈칫거리거나 주저하지 말고 스스로 당당하게 일어나야 한다. 마지막 순간까지 최선을 다하여 나이 든 사람의 노둔, 노쇠, 노약이라는 이미지를 탈피할 때가 되었다. 과거의 단순 수명연장시대를 벗어나 이제 진정한 기능적 장수 Functional Longevity 시대를 이뤄야 한다. 기능적 장수와 노년의 독립적 삶을 추구하는 운동은 불가분리不可分離한 동전의 양면이다.

2.
장수로 가는 길

심장 수술한 104세의
코로나 극복

장수는 인간의 오복 중에서 첫째이다. 그만큼 장수는 인류에게 가장 중요한 염원이었으며, 으레 전혀 병도 앓지 않고 건강하게 오래 사는 무병장수를 기대해 왔다. 그러나 실제로 백세인을 만나보면 평생을 병을 앓지 않고 살아온 것만이 아니라 수많은 질환과 고초를 이겨낸 경우를 많이 본다. 장수의 패턴을 아무런 병이 없이 장수한 무병無病장수, 여러 질병을 앓았어도 병을 모두 치료하여 건강을 회복한 치병治病장수, 여러 잔병을 앓고 있으면서도 상관없이 장수하는 극병克病장수로 나누어볼 수 있다.

국제백세인학회에서는 백세인패턴을 학술적으로 분류하고 있다. 연령 80세를 기준으로 하여 그 이전에 여러 질병이나 건강위협이 있었으나 치료하고 살아남은 집단을 생존군Survivors, 건강하게 살아왔지만 80세 이후에 건강위협에 처하여온 집단을 지연군Delayers, 평생 건강위협을 받지 않고 살아온 집단을 회피군Escapers으로 분류하였다. 일본이나 미국의 자료를 보면 무병장수에 준하는 회피군이 50%, 극병장수에 준하는 지연군이 35%, 치병장수에 준하는 생존군이 15%에 이른다. 백세인 중 절반은 무병장수를 누리고 살아왔지만 나머지 절반은 건강위협을 이겨내어 장수하였음을 알 수 있다.

다시 백세인을 남녀 성별로 나누어 보면 생존군은 남자의 24%, 여자의 43%, 지연군은 남자의 43% 여자의 42%, 회피군은 남자의 32% 여자의 15%이다. 남자의 경우 무병장수군이 더 많고 여자의 경우는 치병장수군이 더 많음을 보여주고 있다. 남성의 경우 자신들의 적극적인 생활습관 개선 노력을 통해서 건강위협을 그만큼 적게 받아온 분들이 장수하고 있음을 보여주고 있으며, 여성의 경우는 여러 가지 질병을 앓더라도 회복하여 장수하고 있음을 보여주고 있다. 따라서 백세인의 건강상태를 비교해보면 비록 숫자는 적지만 남성 백세인이 여성 백세인보다 훨씬 더 건강하다.

이러한 사실은 초고령사회가 되면서 과학기술과 의료의 발전에 의한 장수의 혜택을 여성들이 더 많이 받고 있음을 반영하고 있다. 의술이 미비하였던 시절에는 여러 질환들 때문에 결국 삶의 질이 떨어지고 수명이 단축될 수밖에 없었지만 앞으로는 이러한 문제들이 극복되어 치병장수의 사례가 무병장수보다 더욱 빠른 속도로 증가하여 결국 장수사회가 크게 확장되리라고 기대할 수 있다.

최근 코로나19 사태에서 80대 이상 고령인의 치사율이 20%를 초과하여 고령사회에 큰 위협이 되었으나 의외로 백세인의 경우는 치사율이 5% 미만으로 밝혀져 그 요인이 크게 주목을 받고 있다. 코로나19의 3대 치사요인은 고령, 남성, 기저질환인데 백세인은 대표적인 기저질환인 당뇨와 고혈압 이환율이 현저하게 낮기 때문인 것으로 추론하고 있다. 하지만 코로나19 위기 상황에서도 살아남은 백세인의 모습은 생명의 위대함을 보여주는 사례가 아닐 수 없다. 최근 백 살이 넘는 연령에도 코로나19를 거뜬히 이겨내고 여러 가지 건강위협을 모두 극복해낸 특별한 치병장수의 사례가 있어 소개하고자 한다.

전남 화순군에 사는 김서균 님은 1918년생으로 현재 만 104세이다. 48세에 남편과 사별하고 7남매를 혼자 양육한 전형적인 우리 전통사회의 어머니다. 세상풍파를 다 겪어내고 살다가 결국 77세부터 여러 질환에 시달리기 시작하였다. 이때부터 퇴행성노인질환을 차례로 앓게 되었지만 결국 모두 이겨낸 대표적인 지연군Delayers의 한 분으로 치병장수의 삶을 당당하게 살고 있다.

김서균 님이 겪은 건강위협을 연대별로 살펴보면 77세에는 퇴행성관절염을 앓아 치료 후 지팡이를 짚으며 생활하다가 90세부터는 보행기를 사용하였고 99세부터는 휠체어로 바꾸어 사용하였다. 93세에는 흉추압박골절로 세 차례나 입원치료를 하였으며, 94세에는 백내장 수술을 2차례 받았다. 또한 98세에는 황반변성으로 다섯 차례 주사요법을 받았으며, 99세에는 요추압박골절로 다시 입원치료를 받았다. 그러다가 100세가 되어서는 심근경색이 와서 1차 풍선확장수술을 받았다. 또한 101세에는 심근동맥에 스텐트를 삽입하는 시술을 2차례 받았다. 특히 101세에 스텐트를 시술한 사례는 국내 최고령 심장시술기록이 되었으며 국제적으로도 이런 초고령인 시술은 알려진 바가 없다. 이후 건강이 회복되어 가족들과 여행을 하기도 하였다. 그러다가 코로나19가 마무리되어가던 올여름, 104세가 되어서는 다시 코로나19를 앓게 되었으나 역시 회복하여 다시 일상생활로 복귀했다. 관절염, 척추골절, 백내장, 황반변성, 심근경색 등 교과서적인 노인성 퇴행성질환과 코로나19라는 역병의 위협을 받으면서 결국 모두 극복하고 이겨내어 생명을 지켜낸 과정은 한 사람의 거룩한 의지의 과정이 아닐 수 없다.

물론 이분의 경우에는 넷째 아드님이 의료인이면서 지극정성으로 어머니를 직접 모시고 살기 때문에 의료 접근성이 보다 용이하여 일반화하기는 한계가 있지만 시사하는 바가 매우 크다. 고령화되어가면서 발생하는 일련의 퇴행성질환을 차례로 모두 이겨내어 불사조처럼 다시 일상으로 복귀가 가능함을 보여주는 대표적 사례가 아닐 수 없다. 과거 같으면 치료법이 없거나 미비하였던 질환들을 이제는 의료와 과학기술의 도움으로 얼마든지 해결하고 일상에 건강하게 복귀할 수 있다는 사실은 장수사회에 밝은 등불이 아닐 수 없다.

개인의 노력에 의한 무병장수와 더불어 과학기술과 의술의 발전에 따른 치병장수의 증가는 장수사회의 새로운 방향이다. 아무리 나이가 들더라도 병리적 질환뿐 아니라 생리적 기능도 보완하고 해결할 수 있는 의료와 과학기술의 발전은 인구수명연장에 따른 수많은 우려를 극복할 수 있는 대책이 되리라 기대하며 나이듦의 거룩함을 지켜주는 주춧돌이 아닐 수 없다.

백세를 넘긴 부부의 비결

사람이 백세 장수한다는 것은 보통 일이 아니다. 온갖 간난신고를 다 이겨내어 백 살 넘도록 생명을 보존해야만 이루어지는 일이기 때문이다. 실제로 백세인 확률은 전 세계적으로 10만분의 1 정도로 자연계에서 언급하는 돌연변이율에 해당한다. 한편 환경여건이 개선된 선진국에서는 그 확률이 1만 분의 1로 크게 높아지고 있으며 장수국가에서는 1만 분의 4~5까지 올라간다. 그만큼 인위적 노력에 의하여 장수도가 증가할 수 있음을 보여주고 있다. 그러나 당사자만이 아니라 다른 사람과 부부를 이루어 함께 백 살 넘도록 살아낸다는 것은 엄청난 일이 아닐 수 없다. 장수인이 많은 미국에서 부부 백세인 비율은 600만 쌍 중의 1이라는 보고가 있다. 따라서 결혼식 주례사에 으레 포함되는 "백년해로百年偕老"는 간절한 소망인 의전용어에 불과하다고 생각할 수밖에 없었다. 그런데 정말 백년해로를 이룬 부부들을 만나면서 장수사회의 새로운 희망과 가능성을 보게 된다.

우리나라 백세인 조사를 시작하였을 때 대상자가 거의 여성이어서 아쉬움이 컸었다. 왜 남자는 장수하지 못할까 고심하기 시작하였다. 그러나 지난 20년 사이에 남성 장수도가 증가하여 백세인의 남녀 비가 1대12에서 1대5로 크게 개선되고 있다. 이런 현상은 그동안 염원이었던 백세 부부가 등장할 가능성을 크게 하고 있다.

실제로 개인이 백 살 넘도록 산다는 것도 중요하지만 부부가 함께 백 살을 이룬다는 것은 이상적인 삶이자 장수사회 최고의 축복이 아닐 수 없다. 그래서 백세 부부를 찾기 위한 노력을 따로 기울였다.

조사 초기 2002년도에 103세 할아버지와 98세 할머니 부부를 제주도에서 찾았다. 당시 백세 부부를 한 쌍도 찾지 못하고 있던 차였기에 두 분 나이를 평균하면 100세가 넘으니까 일단 백세 부부로 인정하자면서 대정읍 하모리로 내려갔다. 무엇보다도 우리나라에도 백세 부부가 있다는 사실이 자랑스러웠다. 부부는 결혼 80주년을 맞았다. 은혼식, 금혼식, 회혼례 등에 덧붙여 결혼 70주년, 80주년에도 사용할 용어가 만들어져 있는지 모르겠지만 인간승리, 부부승리의 자랑스러운 모습이었다.

이춘관 할아버지와 송을생 할머니는 건강하였다. "할머니, 영감님 사랑하세요?"라고 할머니에게 여쭈자 "저 영감 늙어서 싫어!" 하면서도 영감님 손을 꼭 잡는 것이었다. 할아버지께도 똑같이 여쭈었다. "할아버지, 할머니 사랑하세요?" 할아버지는 "허, 저……" 하면서 웃음을 지었다. 긴 세월 동안 어찌 힘들고 어려운 고비들이 없었을까? 그러나 80년을 함께 살아온 부부는 눈빛, 목소리, 어느 것도 자연스럽지 않은 것이 없었다. 다만 할머니가 백 세를 채우지 못하고 98세에 작고하여 아쉬웠다.

진정으로 함께 백 살이 넘은 부부를 만나지 못하였던 차에

2013년 말 부부가 모두 백 살이 넘은 가족이 있다는 소식을 듣고 함양군 죽림리를 찾았다. 삼봉산 중턱에 전망이 탁 트인 고급스럽고 단아한 집에 권병호 어르신(1908~2014)과 김은아 님(1912~2015)이 살고 계셨다. 두 분은 각각 106세와 103세를 살아서 나이 합산 209세가 되었다. 그리고 1934년에 결혼하여 81년을 해로한, 진정한 백년해로 부부였다. 우리나라 백세인 조사과정에서 만난 최장수 남성이었고 최장수 부부였다.

두 분 모두 인지능력이 온전하였고 건강패턴이 정상이었다. 할아버지는 인터뷰 내내 할머니의 손을 꼭 잡고 있었다. 해방 이후 정부 고위보직도 맡았지만 퇴직하자 고향으로 내려와 산을 사서 집을 짓고 농사를 지으며 살았다. 일제하에서 대학교육을 마친 인텔리였던 권 어르신은 가족 반대를 무릅쓰고 김 할머니가 일하는 강원도 산골까지 쫓아다니며 삼 년의 구애 끝에 결혼에 성공한 순애보의 부부였다. 80년 동안을 함께 살면서 서로 사랑하고 이해하며 살았음을 숨기지 않았다.

"나에게는 아내가 있다. 내 아내는 물이고 나는 물고기이다. 물은 물고기가 없어도 살 수 있지만 물고기는 물이 없이는 살 수 없다." 첫사랑을 만나 결혼하여 2남 3녀를 낳아 모두 사회적으로 성공시키고 80년을 한결같이 사랑을 나누며 살아온 부부의 다복한 모습은 우리나라 장수사회의 등댓불이며 세상에 보내는 거룩한 메시지가 아닐 수 없다.

전 세계에서 유일하게 남녀 장수도가 같아 백세 부부가 많은 지역으로 알려진 이탈리아의 사르데냐를 찾았다. 이 지역의 전통 인사말은 "아켄타노스A Kent'Anos(백 살까지)"이다. 그곳에서도 남성 장수도가 높은 오롤리 마을을 찾아가 백세 부부를 만났다. 남편 에피시오 피라스Episio Pyras 옹은 101세였고, 부인 실비아는 100세였다. 결혼하여 76년째 함께 살며 자식은 5남매를 두었고 손주, 증손주는 너무 많아서 숫자를 모른다고 하였다. 이분들은 놀랍게도 치아를 온전하게 유지하고 있었다.

피라스 옹은 "돈이 문제지, 치아는 문제가 아니야" 하면서 농담마저 하였다. 인지능력과 청력이 온전하였으며, 평생 병원 신세를 져본 적이 없다고 하였다. 살아온 과정에서 가장 힘든 일이 무엇이었느냐는 질문에 피라스 옹은 "날마다 늙어가는 것이 힘들어"라며 여유롭게 답하였다. 그에게 장수 비결이 무엇이냐고 묻자 엉뚱한 대답이 나왔다. "거짓말 해본 적이 없어." 한편 부인은 "우리는 사랑하고 살았어. 싸워본 적이 없어"라는 답을 하였다.

장수비결이 사랑이었다는 말은 수많은 백세인을 만나본 나에게도 처음 들어본 신선한 자극이었다. 지금까지 살아온 인생살이에서 가장 중요한 것이 무엇이었느냐고 할머니에게 물었다. 백 살의 할머니는 잔잔한 미소를 지으면서 "가정의 평화라네"라고 답하였다. 백년해로의 비밀이 사랑이고 가정의 평화라는 진리를 동방예의지국이라는 우리나라에서 들은 것이 아니라 머나먼 지중해 한가운데 섬 사르데냐에서 배웠다.

백 살 넘도록 함께 살아온 부부들은 합계 나이가 이백 살이 넘고 함께 살아온 기간이 팔십년이 넘는 특별한 부부들이다. 그러한 사실 자체만으로도 거룩함을 느끼지 않을 수 없다. 그런데 이분들의 절대 공통점은 서로 간의 절대 사랑과 신뢰였다. 사람세상에서 절대 사랑이 혈연으로 이루어진 부모자식 간이 아닌 남남으로 맺어진 이성 간에도 분명 존재한다는 명백한 진리를 보여주고 있다. 이런 사랑이 꿈도 아니고 판타지도 아니고 현실이었다. 격변하는 사회구조 특히 부부와 부모자식 간의 가족구조가 변화하고 있는 작금의 추세에 진지한 메시지를 주고 있다.

백세인의 장수 비결은 '친구'

인류 최초의 문자 기록으로 인정받는 점토판에 새겨진 설형 문자를 해독한 결과 놀라운 사실이 밝혀졌다. 메소포타미아 문명 최초 국가인 우루크Uruk의 영웅 길가메시에 관한 서사시가 바로 그것이다. 길가메시가 포악하여 신들이 그를 대결할 엔키두를 보내어 싸우게 했으나 결국 이들은 절친한 친구가 되었다. 그러다 엔키두가 죽게 되자 이를 슬퍼한 길가메시는 최고의 현자인 우트나피쉬팀을 찾아가 불사약을 부탁했고, 가르쳐준 대로 목숨을 무릅쓰고 깊은 바다 속으로 들어가 환생초를 찾았으나, 기진맥진해져 바닷가에서 잠깐 졸다 깨어 보니 환생초를 뱀이 먹어버린 것을 발견하고 통탄했다는 내용이다.

인간이 영생을 추구하는 것이 얼마나 허무한가를 보여주는 내용이기도 하지만, 죽음도 무릅쓰고 친구를 구하려는 우정과 죽어가는 생명을 연장하려는 간절한 노력이 결합된 우정과 장수를 연결한 기록이 바로 인류 최초의 서사시다. 인류의 첫 번째 기록으로 남겨진 우정과 수명연장을 추구하는 노력은 인류 역사의 사회적 및 과학적 발전의 결정적 동인이 무엇이었을까 유추하게 한다.

그리스 신화에서도 우정은 중요한 주제였다. 호메로스의 《일리아스》에 나오는 아킬레우스는 여신 테티스와 인간 펠레우스 사이에서 태어난 영웅으로 불사의 몸을 가지고 있었다. 그러나 트로이 전쟁에서 절친인 파트로클로스가 적장인 헥토르에게 죽임을 당하자 자신이 죽을 수 있다는 경고를 무릅쓰고 참여해 복수한 다음 결국 치명적인 약점이 노출되어 죽게 된다.

동양에서도 마찬가지다. 최고의 고전인 삼국지의 핵심 내용은 도원결의를 맺은 유비, 관우, 장비의 목숨을 아끼지 않는 절대적 우정 이야기다. 비록 한날한시에 태어나지 못했지만 한날한시에 죽자는 맹세는 동서양을 막론하고 우정의 거룩함을 강조한다. 이러한 우정은 젊은이들의 전유물이 아니다. 아무리 나이가 들어도 우정은 인간에게 가장 소중한 보물이 아닐 수 없다.

한국 백세인 조사에서 밝혀진 백세인의 출생 자녀 수는 평균 6명 정도인데 반해 생존 자녀는 3명 정도였다. 백세인 중 배우자가 있는 경우는 3%에 불과했고, 평균 사별 시기는 남자 68세, 여자 62세로 배우자 사별 후 30~40년을 홀로 살았다. 백세인과 함께 살고 있지 않은 직계자녀들의 방문 빈도 조사에서 월 1회 이상은 40%에 불과했고, 연간 1~2회, 집안 행사 때만, 그리고 전혀 접촉이 없는 경우가 각각 20% 정도씩이었다.

이러한 조사 결과는 백세인은 오랫동안 거의 홀로 고독을 견뎌내야만 하는 사람들임을 분명하게 보여주고 있다. 자녀에게 의존한다는 것이 현실적으로 매우 어렵고 결국 가까이 있는 이웃이나 친구만이 도움을 주고 외로움을 달래줄 수 있다. 백세인의 친구를 향한 절절한 사례를 소개하고 소중한 우정의 의미를 새겨본다.

강원도 화천군의 백세인을 찾아가는 길은 험난하기만 했다. 수피령 고개를 넘어 화천읍으로 들어서서 파로호를 돌아 간동면 도송리의 유근철 님을 만났다. 유 할아버지는 아들 내외와 함께 살고 있었다. 유 어르신은 98세까지 논밭을 직접 관리하다가, 낙상 후 비로소 자식들과 함께 관리했다. 그러나 예금통장은 따로 관리하고, 자신이 필요한 옷가지라든가 물건들을 직접 구입하고 있었다. 백 살이 되더라도 자신의 일은 남에게 의존하지 않고 자신이 직접 관리하는 철저한 생활 태도였다.

"일하는 것이 힘들지 않느냐"는 질문에 할아버지는 "그냥 심심해서 일해"라고 답했다. 너무도 간단하고 당당한 답이었다. 일하지 않을 때는 무엇을 하느냐고 물었다. "산 너머 동갑내기 친구가 있어 놀러 다녀." 백세인에 동갑내기 친구가 있다는 사실에 깜짝 놀라 산을 돌아 유 어르신의 동갑내기 친구, 송기구 님을 찾았다. 어르신은 밀짚모자를 쓰고 뙤약볕 아래서 풀을 매다가 반갑게 맞아주었다. 어르신이 도회지 사는 자식들이 나름대로 성공했다고 자랑하여서 "왜 자식들과 함께

사시지 않느냐"고 물으니 "내 땅이 있어서 여기 살아"라는 답이 돌아왔다. 자신의 할 일에 대한 강한 의욕을 보이면서, 죽더라도 그곳에서 살다가 죽고 싶다고 했다.

산 너머 사는 친구에 대해 물었다. "응, 산 너머 동갑내기 친구가 있어서 좋아. 그래서 서로 오고 가고 해. 요즘은 그 친구가 다리가 아파 주로 내가 찾아가." 산 너머의 유 할아버지에게 일주일이면 한두 번씩 찾아간다고 했다. 그런데 시골길 가다 길을 물으면 으레 말하는 한 오 리 거리라는 것이 가다 보면 끝도 없는 먼 길임을 깨닫는 경우와 마찬가지로, 그 산 너머라는 것이 보통 길이 아니었다. 험한 산을 넘어가야 하는 먼 길인데도 그냥 심상하게 말하고 있었다.

실제로 가는 데 4시간, 오는 데도 또 4시간이 걸린다는 산길이었다. 백세 어르신들이 서로 만나고 싶어서 이런 산을 넘어서 오고 가고 있었다. 두 분이 험한 산길을 마다하지 않는 이유가 궁금해서 물었다.

"그렇게 힘들여 가서 만나면 무엇을 하느냐?", "하기는 뭘 해. 그냥 앉아 있다가 오는 거지. 이 나이 되도록 친구가 있다는 것이 좋아. 그 친구 없다면 어쩌겠어?" 그야말로 우문愚問에

현답賢答이었다. 그냥 친구가 있다는 사실만으로도 모든 고난을 이겨낼 수 있다는 너무도 명백한 진실이었다. 아무리 가족이 있어도 동갑내기 친구가 있다는 사실에서 두 분의 백세인은 서로 믿고 의지하고 있었다. 첩첩산중에서 만난 백세인들은 우정에 바탕을 둔 거룩한 건강으로 축복받는 장수의 기쁨을 누리고 있었다.

일반적으로 아흔이 넘어서면 주변에 동년배 친구들이 거의 없게 마련이다. 가족과는 다른 의미에서 마음을 터놓고 고민을 나누던 친구들이 사라지게 되면 밀려드는 고독에 고통을 받게 된다. 그래서 먼 동네라도 비슷한 연배가 있다면 그 사실만으로도 안심하는 백세인을 만나면서 사람이 살아가는 데 나이에 상관없이 우정이 얼마나 소중하고 거룩한가 다시금 새기게 된다. 오히려 나이 들면 들수록 더 절실하게 친구를 그리워하는 모습을 보게 된다. 그래서 공자도 사람이 살면서 가장 큰 세 가지 기쁨人生三樂에 멀리서 친구가 찾아오기有朋自遠方來를 포함하였다.

참된 사회의 완성

격동과 혼돈의 시대가 다가오고 있다. 코로나19 사태로 온 세상에서 수백만 명이 사망하고 우리나라 이태원에서는 수많은 젊은 청춘들이 무참히 희생당하는 참사가 벌어지는 혼돈을 보면서 인류의 공동체적 운명을 생각해본다. 인류가 공동체로서 온전하게 생존하려면 어떠한 질서가 필요할까? 생명체의 질서를 대비하여 생각해본다. 생명을 유지하는 유기적으로 운영되는 과정을 보면 절묘하게 작동하는 장치와 완벽한 기능에 우선 감탄하지 않을 수 없다.

엄정한 질서와 개체로서 모든 부분을 총화적으로 빚어내는 생명활동의 무오류성無誤謬性의 신비는 생명의 거룩함을 느끼게 한다. 따라서 구성원 하나하나를 생체분자로 거느리면서 온전하게 생명을 지켜내는 질서를 가진 바람직한 사회를 이상향인 '바이오토피아'라고 정의해본다. 이러한 바이오토피아가 지향하는 구성원들의 행동규범이 될 사회적 도덕률道德律의 근거는 무엇일까. 세상살이에서 원만한 질서를 위해서는 언제나 각 구성원들의 조화로운 참여와 협조가 요구되고 있지만, 살다 보면 그렇지 못한 상황도 많이 벌어지고 있다.

이를 해결하기 위해 인류는 법法을 만들었고, 그 근원이 되는 헌법은 공동선이라는 당위성을 가지며 이를 달성하기 위한 방법론을 포괄하고 있어야 한다. 생명 헌법의 본질도 바로 공동체로서의 운명을 수용하는 데 있다. 생체의 부분 부분과 생체분자들이 공동체로서의 온전한 삶을 위하여 존재하고 살아가야 함을 절대적으로 요구하고 있다. 이러한 과정에서 생명을 유지 보수하는 데 필요하지 않은 부분을 과감하게 배제하고 형평을 갖추어 유기적인 협력을 하고 있다.

생체분자들의 생성과 소멸, 또는 묶고 풀어주는 결단이 이미 분자 수준에서 철저하게 이루어지고 있다. 직경이 10마이크론(μ) 정도밖에 되지 못하는 공간에 수만 종의 유전 정보와 수만 가지 서로 다른 생체분자들이 각기 서로 다른 양으로 존재해야 하는 세포 내부 환경에서 생체분자들의 양적·시간적 조율은 공간 활용의 측면뿐 아니라, 생명현상을 영위함에 있어서 필수적 조건이다.

생체분자의 생합성 과정도 중요하지만 활용과 제거도 마찬가지로 중요하다. 양이 많거나 쓸모가 없어 더 이상 필요 없는 경우, 세포 내에서 생체분자들은 각종 분해 효소들에 의해 과감하게 제거된다. 그러나 항상 새롭게 만들어내려면 많은 재료와 에너지가 필요하기 때문에 이러한 분자들을 필요가 없을 때 완전히 제거해버리기보다 간단한 수식을 붙여서 불활화不活化해 두었다가, 필요할 때 재활용하는 방안도 가지고 있다. 생체분자의 활성을 저해沮害하거나 부활賦活하는 제도적 장치도 생체분자를 규제하는 대표적 생명법제 중 하나이다.

특히 중요한 사안의 경우에는 교차결합을 통해 생체분자들을 서로 묶어버리는 장치를 통하여 생명현상의 방향성을 유지하기도 한다. 이러한 생명현상을 이끌어나가는 행위의 단위인 생체분자들의 양量과 활성活性에 대한 철저한 규제는 생명법 집행이 엄정함을 보여준다. 그 결과 생명체로서의 의미와 존재 가치는 주어진 공간과 시간에 순응하는 질서를 따르면서 부여된다.

바이오토피아에서는 아무리 자유와 평등의 사회일지라도 공동체적 질서에 순응할 것을 당연히 요구하고 있다. 그러한 방법론에 있어서 논쟁이 지속되고 있다. 토머스 모어는 누구나 일정한 노동에 종사해야 하며, 무엇이든지 필요하면 가져다 쓸 수 있고 생활할 수 있는 평등사회를 유토피아라고 상상했다. 그러나 조지 오웰은 《1984》, 올더스 헉슬리는 《멋진 신세계》를 통해 단순한 평균적 인권이 적용된다면 기계주의적인 사회로 변모되어 큰 혼란에 빠질 것임을 문제점으로 지적했다.

한편 고트프리트 라이프니츠는 인간이 모나드(monad, 單子)와 같은 존재로 독립가치를 가진다고 주장했다. 모나드 간에는 기계적 평등의 단위나 척도에 의한 관계가 아니라, 각각의 개성을 유지하면서 상호관계를 갖는 대응적 상징적 관계를 맺게 된다. 다만 모나드설에서는 오직 신과의 대화를 통해서

만 모나드들이 상호 교류한다는 한계가 있어 신과 인간의 관계가 희석되어가고 있는 현대적 상황에서는 적용하는 데 한계가 있다.

바이오토피아에서는 사회 구성원 하나하나가 모나드와 같이 대등한 독자성을 가지고 각자의 인권이 보장되고 평등성과 자발성이 인정돼야 하지만 공동체적 삶이라는 공동선共同善을 위한 구성원으로서의 당위적 목표와 헌신獻身적 참여를 통하여 연계되어야 한다. 이러한 헌신적 참여의 본질이 바로 생명 도덕률이다.

생명 도덕률의 근거는 생체를 구성하는 가장 근본인 분자와 분자 간에 흐르는 정情에 바탕을 두고 있다. 기다렸다가 만났다가 헤어져야 하는 모든 과정에 그리워하고 반가워하고 아쉬워하는 정이 없을 때, 그것은 삶이 아니고 생명이 아니다. 생체분자들이 가진 이러한 정을 바탕으로 한 본성의 발현에서 생명체의 모든 문제가 원만하게 해결되고, 정말로 나아가야 할 방향으로 발전하는 것이다.

생체분자로서 근본에 흐르는 살아 있는 개체로서의 뜨거운 피와 따뜻한 마음이 사회의 바탕을 이루어야 한다. 바이오토피아에서는 사람과 사람 간의 생명 도덕율에 의한 관계가 정립되어야 한다. 사회의 구성원은 평등하며, 각자는 자신이 맡아야 할 사회적 의무를 자발적으로 성실하게 수행해야 하며, 상호 교류에 있어서 항상 서로 믿고 맡기는 경우에 비로소 바이오토피아의 행복한 세계가 구현되고 구성원 각자가 인권을 향유할 수 있을 것이다.

서로 믿는 마음으로 성실하게 노력하면 참된 사회가 구현될 것이다. 따라서 참된 사회를 완성하기 위해서는 구성원 각자가 참되려고 노력하는 사회誠者天之道也, 誠之者人之道也이어야 한다. 정치·경제·사회·문화의 모든 측면에서 생명의 질서가 축이 되어 더 이상 혼돈과 격동이 없는 바이오토피아가 수립되기를 기대해본다.

마침표 없는
지적 능력 개발

배움의 길은 끝이 없다. 누구도 부정할 수 없는 진리다. 배움에는 양적으로나 질적으로나 그리고 시간적으로도 결코 한계가 있을 수 없다. 그러나 일반 세상에서는 나이듦과 배움을 대척적으로 생각하는 경향이 만연해 있다. 그런데 백세인의 지적 호기심과 실제로 배움의 길을 찾아 헤매는 모습을 보면 배움의 진지함과 삶의 거룩함을 보는 것 같아 옷깃을 여미게 한다.

2007년 도쿄에서 개최된 국제장수의학 학술대회에서 쇼지 사부로昇地三郎 박사(1906~2013)를 만났다. 그는 공식행사에

앞서 특강하면서 장수인의 활동성에 대한 편견을 송두리째 깨뜨려주었다. 심리학 교수로 은퇴한 다음에 보다 적극적으로 장애인을 위한 사회봉사 활동을 했다. 만찬장에서 나를 소개하자 바로 우리말로 "한국에서 오셨소?" 하고 물었다. 깜짝 놀라서 "예" 했더니 "그러면 우리 한국어로 이야기합시다"라며 놀라운 우리말 솜씨를 과시했다. 예순다섯 살로 은퇴하고 새롭게 한국어를 학습해 자유롭게 구사할 정도가 됐다.

그뿐만이 아니었다. 여든 살이 넘어서는 중국어를, 그리고 백 살에는 러시아어를 새롭게 배우기 시작해 미국, 중국, 유럽, 러시아 등을 돌아다니며 세계일주 강연을 했다. 자신이 개발한 '사부로식 검도 체조'라고 명명한 운동 프로그램을 시범하면서 신체적으로 완벽한 균형성과 탁월한 유연성을 보여주기도 했다. 정말 저분이 정녕 백세인일까? 의심이 생길 정도였다. 그는 학창시절 선생님이 가르쳐준 "항상 앞서라(Be in Advance)"를 평생 좌우명으로 삼아 항상 선봉이 되어 격변하는 세상을 이끌고 나갔다.

몇 년 후 사부로 박사의 근황을 들으면서 또 한 번 놀라지 않을 수 없었다. 그분이 104세가 되었을 때 브라질로 이민 간

일본교포들이 초청하자마자 바로 포르투갈어를 학습하기 시작해 반년 뒤 브라질어로 강연했다는 믿기지 않은 이야기를 들었다. 그분은 스스로를 "백세 노인이 아니고, 백세 소년, 百世兒, 100 year old boy"라며, 자신이 나이만 백 살이지 결코 늙은이가 아닌 아직 젊은이임을 당당하게 과시했다. 아무리 나이가 들어도 새로 배워야 함에 결코 망설이지 않는 영원한 소년의 태도였다.

쇼지 사부로 박사 못지않은 우리나라의 청년 백세인을 만났다. 우연히 〈백세의 반란〉이라는 백세인의 사진전이 열렸다는 소식을 듣고 당사자를 수소문해 경기 의정부로 찾아갔다. 그분의 성함은 남궁전 님으로 1922년생이었다. 해방 전에 초등학교 교사로 시작해 중학교 교사로 퇴직한 교육자였다. 혼자 사는 아파트에 들어서면서 깨끗하게 정돈된 실내를 보고 도움을 주는 분이 당연히 있으려니 생각했다. 하지만 깜짝 놀라지 않을 수 없었다. 집 안 청소며 식사 준비를 도움이 없이 모두 본인이 직접 하고 있었다. 자녀들이 있어 가끔 반찬과 가사 일을 도와줄 때도 있지만 대부분 본인이 처리하고 있었다. 노인독립이 가능함을 분명하게 보여주었다.

남궁전 님은 퇴직 후 경기 연천군에서 농사지으며 살림하다가 85세 때 의정부로 옮겨 자리 잡았다. 젊었을 때부터 트레킹이 취미여서 국내는 물론 해외의 수많은 산들을 동료들과 등산했다. 나이 아흔에 부인과 사별하고 새로운 결심을 했다. 트레킹 다니면서 카메라로 풍광을 찍어왔는데 본격적인 사진을 찍고 싶은 욕망이 생겨 노인복지관과 의정부 영상미디어센터에 등록해 사진촬영 기법을 제대로 배우기 시작했다. 이후 백 살이 넘은 지금까지도 자신의 역량을 지속적으로 향상하기 위한 노력을 게을리하지 않았다.

동호회에 가입해 야외 실사를 따라 나갔을 때 아흔 살이 넘다 보니 처음에는 회원들이 약간 꺼리기도 했지만 건강하게 잘 따라 다니니까 근자에는 전혀 부담을 느끼지 않는다고 했다. 함께 어울리는 동호회 회원들은 주로 70~80대이기 때문에 20~30년의 나이 차를 손쉽게 극복하고 젊은 삶을 즐기고 있었다. 특히 아흔 살이 넘어 일본 알프스, 후지산, 유럽 알프스, 히말라야까지 실사 다니며 촬영한 사진들을 모아 건강백세 도시를 표방하는 의정부시가 '백세의 반란'이라는 주제로 사진전을 열어 시민들에게 감동을 주었다.

남궁전 님이 백세 건강을 유지하는 비법은 바로 생활습관의 완벽함이었다. 식습관으로는 잡곡밥 위주로 고루고루 먹도록 자신이 직접 준비하고, 운동습관으로는 아침에 일어나면 맨손체조와 스트레칭을 한 다음 매일 집에서 2㎞ 거리에 있는 운동시설까지 천천히 걷다가 빨리 걷는 인터벌 워킹 방식으로 왕복 걷기를 했다. 그리고 반환점에 소재한 헬스 기구 10가지를 차례로 모두 사용해 신체를 단련했다. 이러한 생활습관은 바로 백세 건강을 보장해주는 절대 조건이 아닐 수 없다.

그분에게 인생에서 가장 행복했던 순간이 언제인가를 묻자 알프스 3대 미봉美峰을 답사하고 촬영했을 때이었으며, 가장 슬펐던 순간은 아흔 살에 부인을 사별하였을 때라고 답했다. 그만큼 그분에게 사진촬영은 인생의 소중한 보람이었으며 그 보람을 더욱 발전시키기 위하여 끊임없이 노력하고 있었다. 한평생 살아오면서 후회해본 적이 없으며 모든 일에 최선을 다했다고 자부했다.

더욱 놀라운 사실은 본인은 그동안 자신이 늙었다고 생각해본 적이 전혀 없었다고 했다. 백 살의 나이에도 불구하고 젊은 사람들과 똑같이 어우러져 활동하고 다니고 생활에 불편함을 느끼지 않기 때문에 늙음을 의식할 필요도 없었고 늙음을 의식할 짬도 없었다는 말에 감동하지 않을 수 없었다.

쇼지 사부로나 남궁전과 같은 백세인들은 연령 한계를 초월해 끊임없는 성장을 추구했으며 나이에 상관없이 여전히 새로운 세계를 찾아가는 호기심을 가진 분들이었다. 설령 백살이 되더라도 나이듦aging이 늙음을 벗어나 얼마든지 자람成長으로 승화할 수 있음을 보여줘 삶의 나이듦을 거룩하게 만들어준 분들이다. 소크라테스가 현인인 케팔로스에게 노인에 대하여 묻자 "분별력이 있으면 노년은 견뎌내기 쉽다오. 그렇지 않다면 노년뿐 아니라 청춘도 견디기 어렵다오"라며 노년의 분별력, 즉 지적 활동을 강조했다.

아무리 나이가 들어도 자신의 지적 능력을 개발하는 데 게을리 하지 않는 배움의 노력이 바로 젊음을 유지하는 비법임을 깨닫게 된다. 이와 같은 젊은 백세인을 만나고 나면 다시금 늙음이란 무엇이고 어떻게 나이 들어야 하는가 성찰하는 계기가 된다.

나이듦의 그림자

생체분자들이 지켜야 하는 삼강오륜三綱五倫의 질서를 앞에서 언급한 바 있다. 그중에서 삼강은 기다리고待, 만나고會, 헤어지는別 원리이며 그 본질은 정情이라고 했다. 이러한 원리는 생체를 구성하는 기본분자로부터 비롯하여 개체와 사회에도 확대 증폭돼 적용되고 있다. 삼강 중에 첫째가 바로 기다림이며 그 속성은 그리움이다. 사람이 살아가면서 기다리고 그리워하는 것만큼 안타까운 일은 없을 것이다. 백 살이 넘도록 오래 살아온 사람들은 그만큼 더 오래 기다리고 그리워하면서 살아야 하는 숙명을 감당해야 한다.

기다림의 신화 중에서 압권은 《오디세이》에 나오는 오디세우스의 아내로서 최고 정녀인 페넬로페 이야기이다. 오디세우스는 트로이 전쟁의 영웅이었지만 전쟁으로 10년, 신을 우롱했다는 벌로 다시 10년을 귀환하는 과정에서 헤매다가 20년 만에 고향 이타카로 돌아왔다. 페넬로페가 108명이 넘는 구혼자들의 유혹을 물리치려고 죽은 부왕의 수의를 짜는 기간은 기다려달라고 호소해 옷을 짜기 시작했으나, 밤마다 풀고 낮에 다시 짜면서 시일을 끌었다는 에피소드는 유명하다.

남편의 귀환만을 기다리며 20년을 수절하며 기다려온 페넬로페는 이후 서양에서 정숙한 여인의 표상이 되었다. 우리나라에도 아사달과 아사녀의 전설이 있다. 신라 재상 김대성이 불국사를 창건할 때 석가탑을 짓고자 당시 최고의 백제 석공 아사달을 불렀다. 아사녀는 3년이 지나도 소식이 없어 남편을 보고 싶어 불국사를 찾았으나, 문지기가 불사에 여인이 들어가면 안 된다고 십 리 떨어진 곳에 있는 영지影池라는 연못으로 가라고 하였다.

영지에서 탑을 짓고 있는 아사달의 모습을 본 아사녀는 그

환영에 달려들어 물에 빠져 죽었다. 이후 아사달도 쫓아와 죽었다는 가슴 아픈 사랑의 전설이 있다. 백세인 조사에서 페넬로페나 아사녀의 이야기에 못지않은 남북의 정치적 분단이나 특수질환에 의한 사회적 차단에 의한 안타까운 기다림의 현장을 보면서 그리움으로 충만한 인간의 참되고 거룩한 모습을 볼 수 있었다.

통일전망대가 위치한 강원도 고성군에서 양아들과 함께 살고 있는 백세인 할머니를 만났다. 남편은 납북되었고 양아들은 북한군 포로였지만 방면되어 할머니를 만나 함께 살게 되었다. 반백 년이 훨씬 넘었지만 오로지 남편이 돌아올 날만 기다리면서 언젠가 돌아올 남편이 길을 어긋나지 않도록 집도 이사하지 않고 그대로 살고 있었다. 양아들도 통일만 되면 북으로 달려가 가족들을 만나기 위해 재혼도 하지 않고 기다리고 있었다.

통일이 되면 그곳에 살면서 이룬 재산은 할머니께 모두 드리고 단 한 푼도 가지고 가지 않겠다고 했다. 할머니에게 양아들의 그런 뜻을 말하고 서운하지 않느냐고 묻자 "사람이 가족 찾아간다는데 어떻게 해" 하며 서로가 동병상련하고 있었다.

반백 년이 넘었어도 변함없이 남편을 기다리는 마음, 그리고 북에 남겨둔 가족을 찾아가기 위해 결혼도 하지 않고 기다리는 마음은 세속의 재물과는 전혀 상관없는 인간의 순수하고 강렬한 절대적인 그리움이었다.

소록도에서 만난 어느 백세인 할아버지는 15세에 발병해 22세에 소록도에 들어와 70년 넘도록 살고 있었다. 의족으로 불편한 몸인데도 같은 방에 함께 의족을 하고 있는 아흔 살이 넘은 다른 환우와 기거하면서 서로 형제같이 지내고 있었다. 백세 한센인의 삶에 대한 태도는 의외로 매우 긍정적이었다. 인터뷰에서 내내 달관한 성자처럼 대답했다. "예수 믿는 사람이 무슨 기분 나쁜 일이 있겠어", "나라에서 밥 주고 옷 주는데 무슨 불만이 있겠어". 그래서 그분에게 혹시 보고 싶은 사람이 있을까 궁금하여 물었다. 그랬더니 "뭐 보고 싶은 사람 있겠어"라고 반문했다.

그래도 어머니가 보고 싶지 않은가 되묻자 가슴 아픈 답이 나왔다. 어머니는 본인이 소록도로 들어가자 석 달도 못되어 세상을 떠나셨다고 했다. "정말 보고 싶은 사람이 없느냐"고 채근하며 물어보자 "동생들, 특히 여동생이 보고 싶어"라며 조용하게 말했다. 소록도로 떠나는 날 여동생들이 따라오지 못하고 집 뒤에 숨어서 어이어이 통곡하며 이별을 서러워한 모습을 도저히 잊을 수 없다고 했다.

"고향을 떠날 때, 내 나이 스물두 살이었지. 그때 큰 여동생이 열두 살, 작은 누이가 아홉 살이었어. 지금 살아 있다면 여든 살이 넘었을 텐데……. 그 녀석들 어디서 살고 있는지도 몰라……." 자신이 한센인이라는 소문이 나면 여동생들의 장래에 문제가 되기 때문에 온 집안이 쉬쉬했고, 세월이 흘렀어도 연락 한번 할 수 없었던 오누이였다. 아마도 아직도 살아 있을 동생들, 특히 여동생을 그리워하는 가슴 아픈 형제애에 내 마음이 아팠다. 아무리 자신을 신앙으로 무장하고 세상 모든 일에 꼼꼼하게 대처하는 백세인도 오랜 세월 피붙이 누이들을 그리워하는 마음을 속으로 다져가며 눈물 흘리고 있었다.

페넬로페나 아사녀의 전설적인 기다림보다도 훨씬 더 오랜 기간을 기다리며 살아온 백세인들을 만나면서 오래 살면 오래 살수록 기다림과 그리움은 더욱 사무친다는 현실적인 업보를 볼 수 있었다. 나이가 들었다는 이유로 기다림과 그리움에서 벗어날 수 없음이 분명하다. 전쟁으로 헤어진 이산가족의 경우는 우리 민족만의 특별한 현실이 아닐 수 없으며, 사회적으로 격리돼야 했던 초고령 한센인들은 남은 가족에 폐가 될까 봐 연락도 못 하고 속앓이하면서 지내야 했다.

그것이 우리 사회의 현실이었다. 정치적인 이유로 그리고 사회적 이유로 소식도 전하지 못하고 그리움을 가슴속 깊이 새기며 살아야 했던 초고령인들의 슬픔과 한恨의 안타까운 현장을 보면서 아무리 나이가 들어도 변함없는 기다림과 그리움의 업보를 지니고 있는 인간으로서의 참된 모습을 깨닫게 된다.

삶의 마지막 길을
닦아두다

세모歲暮가 되면 스산한 마음이 든다. 저물어가는 해를 바라보며 지난날에 대한 아쉬움과 다가오는 날에 대한 불안으로 해가 넘어가는 경계에서 어수선해지기 마련이다. 이런 즈음에 동료 교수의 부음이 들려왔다. 40여 년 전 우리 젊은 날 학문 발전을 위해 의기투합하여 연구소를 설립하고 새로운 학회를 창립하는 데도 함께 했던 동료였다. 특히 다재다능한 고인은 노래방을 서먹서먹해하던 나에게 윤항기의 〈장미빛 스카프〉와 몇몇 노래를 가르쳐주며 다른 동료들과 어울리도록 이끌어준 잊을 수 없는 친구였다.

퇴직 후 한동안 만나지 못했는데 갑작스런 부음을 들어 그립고 안타까운 마음이 가득했다. 암으로 투병했지만 마지막에는 큰 고통 없이 떠났다는 부인의 말에 그나마 다행이라고 위로하고 천국에서 편안하기를 기원하면서 죽음의 의미를 되새겨보게 됐다.

인류에게 죽음은 결코 종말이 아니었다. 삶의 연장선상에서 아득한 다른 차원의 세상으로 떠나는 과정으로 죽음을 이해했다. 그리스 신화에서는 죽은 자의 망령은 죽음의 신인 하데스가 있는 명계로 인도된다. 그러기 위해서 생자와 사자를 가르는 스틱스강을 건너려면 뱃사공 카론에게 뱃삯을 지불해야만 했다. 생전의 소행에 대한 재판을 받아 선한 사람은 엘리시온Elysion에서 지복의 생을 영위하지만, 대부분의 망령은 부조화의 들판에서 방황하고, 극악한 자는 나락으로 떠밀려서 영원한 고통을 당한다고 상상했다.

중국에서는 망자를 위해 지전을 태우고, 우리 전통사회에서는 염라대왕의 명을 받아 죽어야 할 자를 저승으로 안내하는 저승사자에게 노잣돈을 주어야만 한다고 믿었다. 흥미롭게도 백제 무령왕릉에서도 땅의 신에게 바치는 망자의 묘지 대인 동전 꾸러미가 발견됐다. 죽음의 노잣돈 개념은 이집트, 그리스, 로마, 중국 등 대부분의 문화권에서 공통적으로 깃들어 있는 장례 풍습이었다.

이와 같이 노잣돈을 준비하며 죽음을 맞이하는 문화는 인간이 죽음을 능동적으로 수용하고 있다는 증거다. 노잣돈을 챙기고 자신이 묻힐 관棺을 마련하고 죽을 때 입고 갈 수의壽衣를 준비하면서 죽음을 받아들이고 있는 백세인들을 만나면서 삶과 죽음의 의미를 되새기게 된다.

전남 담양읍 최씨 집성촌에서 105세 할머니를 만났다. 할머니는 4남 2녀를 두었는데 큰며느리는 노쇠하여 광주에 있는 딸네 집에 살고 있어 큰손주며느리가 모시고 있었다. 백세가 넘도록 자기관리가 철저하였으며 성격도 괄괄하고 배포도 큰, 마을 부녀회장을 지낸 분이었다. 증손자와 꼭 100살 차이가 나는 할머니는 매월 손자 손부 증손자에게 5만 원씩 용돈을 주었다. 배우지 못하여 한글을 읽지 못했던 할머니는 손주가 학교에서 가져온 앨범을 보기 위해 예순이 넘어 독학으로 한글을 깨우쳤다는 의지의 인물이었다.

지금은 기동이 불편하여 누워 있는 할머니의 머리맡에 붉은 복주머니가 있었다. 무엇이냐고 묻자 "저승길 노잣돈 주머니"라고 했다. 주머니에는 10만 원이 들어 있었다. 손주며느리는 할머니가 노잣돈 주머니와 빗, 거울, 수저 그리고 신발을 소중하게 간직한다고 했다.

할머니는 노잣돈을 스스로 준비해두고 매일 점검하면서 항상 거울을 보며 단정하게 머리를 빗으며 언제 죽을지 모를 날을 기다리며 깨끗한 모습으로 길을 떠날 준비를 하고 있었다. 죽음을 기다리면서 몸을 정화하며 길 떠날 준비를 하는 할머니의 태도는 바로 인간 삶의 거룩한 모습이 아닐 수 없었다.

전남 곡성군에서 찾은 백세인의 집 대문 안에 들어서자 윤이 나는 관 비슷한 것이 세워져 있었다. 무엇인가 물었더니 바로 관이라고 하였다. 어르신이 칠십이 되었을 때 마침 뒷산에 좋은 나무가 있어 아드님이 관을 짜서 준비해두었다고 했다. 그러나 세월이 오래 흘러 관이 썩지 않도록 매년 관의 안팎을 기름칠해 두고 있었다. 백세인은 자식들이 자신의 관을 소중하게 관리하는 모습을 보면서 만족해 한다고 했다.

더욱 놀라운 경우는 전북 진안군에서 만난 107세 할머니의 경우다. 자식들이 할머니 나이 육십이 되었을 무렵 좋은 목재가 있어 관을 짜두었는데 20년이 지나 썩어버렸다고 했다. 그래서 자식들이 이번에는 석재로 관을 다시 만들어 숨겨놓지 않고 곳간 옆에 놓아두었다. 죽으면 들어갈 관을 가족들이 모두 보는 자리에 두고 담담하게 바라보고 사는 것이 신기했다. 삶과 죽음에 대한 경계가 없이 당연하듯 살고 있는 태도를 가족이나 당사자들이 모두 지니고 있었다.

백세인들은 자신이 충분히 살았음을 받아들이고 적절하게 떠나야 함을 분명하게 인지하고 있었다. 특히 담양군에서 만난 백세 할머니는 며느리 구박도 하고 동네일에 참견도 하고 있기에 으레 생에 대한 집착이 클 것으로 생각해 할머니와의 인터뷰를 마치면서 더 오래 건강하게 사시라고 인사를 하자 할머니의 답은 퉁명스러웠다. "그런 소리 마소. 저승사자가 나를 잊어버린 모양이네. 제발 저승사자에게 나 데려가라고 부탁 좀 전해주게" 하며 오히려 차라리 어서 세상을 떠날 수 있도록 부탁하는 것이었다.

전통사회에서 최고의 복인 오복五福 중에서 행복의 첫째는 장수이고 최악의 불행인 육극六極에서 불행의 첫째는 단명

임을 강조해왔다. 그래서 모든 일상생활 도구도 수壽와 복福자 문양으로 장식했고, 십장생 문양을 걸어두면서 장수를 기원했다. 장수는 사람들의 기본 속성이고 당연한 바람이기 때문에 더 오래 사는 것에 대한 집념이 클 것으로 기대했다.

하지만 오래 살아온 백세인들은 오히려 죽음을 두려워하지 않고 담담하게 기다리면서 능동적으로 대비하고 있었다. 들어가서 쉴 관과 입고 갈 수의와 노잣돈까지 준비한 백세인들은 삶과 죽음의 경계를 아무런 부담도 지니지 않고 망설임 없이 홀연히 건너갈 수 있는 달관의 경지에 이르러 있었다.

여덟 가지 지혜

새해가 되면서 더 나은 삶을 위해 누구나 새로운 다짐을 한다. 백세 시대에 들어서면서 나이듦을 충만하게 하고 존엄하게 할 수 있는 규범은 어떤 것일까 생각해본다. 사서삼경 중의 《대학大學》에는 군자가 되기 위해서 갖추어야 할 윤리적 기본으로 삼강팔조목三綱八條目이 있다.

삼강은 명명덕明明德, 신민新民, 지어지선止於至善의 세 가지 원칙이고, 팔조목은 격물格物, 치지致知, 성의誠意, 정심正心, 수신修身, 제가齊家, 치국治國, 평천하平天下의 실천방안이다. 최선을 다하여 학문과 지식을 숙달하고 심신을 단련해 인간다운 삶을 완성하고 나아가 사회적 안녕을 달성하기 위한 책임을 가지라는 사명을 표방하고 있다.

장수사회에서는 오래 사는 만큼 개인이 건강하지 못하고 행복하지 않으면 공동체적 부담이 더 커질 수밖에 없다. 그만큼 개인은 공동체의 운명과 더욱 강하게 연계될 수밖에 없다. 개인의 심신을 다스리는 방안은 공동체의 안녕을 보장하는 결정요인이 되기 때문에 대학의 삼강팔조목에 버금가는 개인을 위한 실천적 규범이 시대적으로 절실하게 요구되고 있다.

단순히 오래 사는 장수가 아니라 건강과 행복을 누릴 수 있는 나이듦을 위한 개인과 공동체에 필요한 생활규범을 대학의 가르침을 이어받아 삼강팔조목으로 정의해본다. 장수시대 생활규범의 원칙인 삼강은 1장에서 기술했던 "하자行之, 주자與之, 배우자習之"의 행동강령이다. 아무리 나이가 들어도 행동하고 나누고 마련하는 삶을 이루어야 인간으로서의 본분을 이룰 수 있다.

구체적 개인별 행동지침으로는 "몸을 움직이자, 규칙적이자, 절제하자, 마음을 쏟자, 변화에 대응하자, 나이 탓하지 말자, 남을 탓하지 말자, 어울리자"를 장수시대 늙음을 이겨내는 나이듦의 팔조목으로 제안하고자 한다.

움직이자至動. 나이가 들면 여러 이유로 몸을 능동적으로 움직이려고 하지 않는 경향이 있다. 움직이지 않으면, 몸을 사용하지 않으면 신체의 모든 기관은 퇴화된다. 나이 들수록 더욱 적극적으로 몸을 움직이는 노력을 해야 한다. 아무리 나이가 들어도 마지막 순간까지 최선을 다해 몸을 움직이려는 노력을 해야 한다. 나이듦은 멈춤을 요구하지 않는다. 생명의 본질은 움직이는 것이다.

규칙적이자用律. 은퇴하게 되면 규칙적인 생활이 어려워진다. 생활의 리듬은 신체와 정신의 건강에 모두 중요하다. 규칙적인 생활은 생체에너지 소모를 가장 적게 하고 각종 스트레스를 이겨내게 한다. 자신의 삶을 규칙적으로 조정해 운영해야 한다. 일상의 식사, 작업, 교류, 운동 등의 시간부터 규칙적으로 운용할 필요가 있다. 백세인의 삶에서 가장 분명한 것은 생활의 규칙성이다.

절제하자致適. 나이가 들면 신체적 기능이 저하되고 사회적 대응력이 무뎌지게 마련이다. 무리한 욕구는 줄이고 감당할 수 있는 범위 내에서 절제해야 한다. 젊은 시절과 같은 충동적이거나 경쟁적인 무모한 욕구는 어려운 문제를 일으키기 마련이다. 나이 들수록 중용의 미덕이 필요하다. 모든 행동과 욕구에서 절제를 하게 되면 하지 못할 일이 없다.

마음을 쏟자攻心. 나이가 들면 주위의 일과 상황에 관심이 적어진다. 마음을 쏟지 않으면 결국 멀어진다. 관심을 갖지 않으면 결국 잊히게 되고 잃어버리게 된다. 무관심은 삶을 포기하는 지름길이다. 일과 환경에 대해서도 관심을 쏟아야 한다. 백세인의 삶을 보면 나이가 들면 들수록 모든 자신의 시간과 주위의 변화와 상황들에 대해 적극적인 관심으로 참여하고 있다.

변화에 대응하자應變. 세상은 변화한다. 변화는 당연한 흐름이다. 흐름에 따라서 대응해야 한다. 과거에 집착해 고집을 피우면 그만큼 밀리고 거부당할 수밖에 없다. 만나는 사람도 달라지고 마주치는 삶도 달라진다. 더욱이 과학기술의 혁신은 새로운 차원의 세상을 열고 있다. 변화에 대응하지 않으면 시간적으로는 과거라는 굴레에 갇히게 되고, 공간적으로는 생활이 폐쇄되는 고통을 받을 수밖에 없다.

나이 탓하지 말자不尤齡. 특정 연령이 되었다는 이유로 어떤 일을 하지도 해보지도 못한다고 생각하면 안 된다. 아무리 나이가 들어도 새로운 도전을 망설여서는 안 된다. 팔십이 넘어도 구십이 되어도 나이가 무엇을 하지 못하게 하는 금기가 될 수 없다. 다만 젊은 시절과의 차이를 인정하고 미리 철저히 준비해 도전할 필요가 있다. 아무리 나이가 들어도 하고 싶은 일, 해야 할 일이 있다면 하면 된다.

남을 탓하지 말자不尤人. 나이가 들어서 무슨 일을 하는데 남의 눈치를 보고 남의 탓으로 할 일을 포기하는 일이 없어야 한다. 내가 하고 싶은 일을 남의 탓으로 하지 못한다면 내 자신의 삶을 포기하는 일이다. 세상은 내가 사는 곳이다. 나는 나의 삶을 당당하게 살아야 한다.

어울리자和人. 나이가 들어서 살아가는 과정에 반드시 명심해야 할 것은 가족, 친지, 이웃 그리고 지역사회와 어울리는 삶이다. 어울리려는 노력의 전제조건은 주고받기다. 주어야 받을 자격이 있다. 과거에 주었다는 기억에 매이지 말고 지금도 계속 주려고 노력해야 한다. 나이가 들면 오래 살아왔기 때문에 그만큼 사회적 도움도 많이 받아온 것이다. 받아온 도움을 갚는다는 의미에서도 어울리기 위해 최선을 다해야 한다.

이와 같이 삼강과 팔조목을 지키는 삶은 장수시대 나이듦을 당당하고 거룩하게 하리라 기대해본다.

설날에는 가족들에게
격려와 축하를

한 해가 가고 새해가 다가온다. 가는 해의 마지막 날 섣달그믐과 새해의 첫날 설날은 단순한 하루의 변화가 아니다. 일 년 한 해의 변화를 의미하고 있다. 그래서 전통사회에서는 이날을 계기로 한 살 더 먹는다고 했다. 그리고 그 절차를 매우 소중하게 여겼다. 섣달그믐날에는 한 해의 묵은 때를 씻고 몸과 마음을 깨끗이 하기 위해서 모두 목욕을 했다.

나도 어린 시절 집 안에 목욕탕이 없을 때 으레 동네 목욕탕을 찾아야 했다. 이미 목욕탕은 동네 사람들이 모두 몰려와

북적북적해서 탕 귀퉁이에 겨우 비집고 들어갈 수 있었다. 목욕재계 후에는 부모님과 이웃분들에게 묵은 세배를 드리러 다녔다. 한 해를 보내면서 건강하셨음을 축하하고 그동안 잘 돌보아주셨음에 감사드리는 마음으로 다녔다. 다음 날 설날은 더욱 특별했다. 어린 시절에는 색동옷을, 철이 든 이후로는 새 옷을 장만해서 입었고 비록 고무신이었지만 새 신발을 신는 날이기도 했다.

아침에는 가족들이 모여 조상님들에게 차례를 지냈고 이어 부모님과 가족들에게 돌아가며 새 세배를 드렸다. 가족 모두의 무병장수를 시작으로 공부나 취업 등을 위한 덕담들이 오고 가곤 한다. 이어서 친척분들, 이웃 어르신들을 찾아뵈면서 종일 세배를 드리고 다녔다. 세배를 받으면 어른들은 세뱃돈이나 맛있는 과자나 과일을 듬뿍 주었다. 설날 하루를 지나고 나면 호주머니에 세뱃돈과 선물이 가득하여 어린 마음을 풍요롭게 해 그 시절에는 설날이 돌아오기만 손꼽아 기다리곤 했다.

고향을 떠난 이후로도 설날만은 반드시 귀성해야만 했다. 조상님에게 차례를 모신다는 일은 어떤 일이 있더라도 결코 양보할 수 없는 의무였다. 내게도 1986년 설날은 잊을 수 없는 추억이다. 섣달그믐날 아침 7시에 반포아파트를 출발해 경부고속도로로 들어섰는데 오후 2시에야 만남의 광장에 이르렀다. 저녁 8시에 옥산휴게소를 거쳐 다음 날 새벽 4시에 익산에 도착했다.

설날 아침 일찍 차례를 모시기에 부모님께 전화 드려 기다려주라고 부탁하고 광주 집에 도착한 시간은 아침 6시였다. 귀향길이 23시간이나 걸린 대역사였다. 당시 2,000만 명이 움직였다고 보도가 나왔다. 나도 그중의 한 사람으로 설날을 지키고 차례를 모실 수 있어서 천만다행으로 생각했을 뿐, 고향을 찾기 위한 고생은 고생일 수가 없는 당연한 과정으로 여겼다.

이렇게 우리는 한 해를 보내고 새로운 해를 맞이하는 힘들고 복잡한 과정을 거치면서 한 살을 더 먹었다. 그만큼 한 살 더 먹는다는 것은 나 혼자만의 일이 아니라 온 가족과 온 지역사회가 모두 참여하는 굉장한 사건이 아닐 수 없다.

얼마 전 정부에서 우리 나이를 만滿 나이로 하기로 결정했다는 뉴스를 보면서 착잡한 심정이 들었다. 물론 연령제도의 혼선이 빚는 행정적 문제점을 모르는 바는 아니다. 사례로 보면 백세인 조사를 할 때 연령 확인은 매우 중요하다. 왜냐하면 국제학계에서는 오직 만 나이 백 살인 분을 백세인으로 인정하기 때문이다. 지방자치단체에서 대상자로 지목해 현장에서 만난 우리나라 백세인 중 연령 과장도 많았지만 상당수는 만 나이상의 차이 때문에 아직 한두 살 더 기다려야 하는 젊은이로 밝혀지곤 했다.

우리 사회는 전통적으로 태어나면 바로 한 살이다. 우리에게 영零, zero이라는 개념이 없기 때문이다. 그리고 해를 넘기면 바로 한 살을 더 먹게 되어 있다. 그런데 만 나이라는 것은 서양식으로 생일을 지나야만 한 살 더 먹은 것으로 인정하고 있다. 우리 연령제도가 더욱 복잡한 이유는 양력과 음력을 혼용하다 보니 양력설과 음력설 사이에 차이가 나서 만 나이와 비교하면 한 살 내지 두 살 차이가 날 수도 있다.

그래서 항간에는 나이를 만으로 결정한 정부 시책 덕분에 국민들이 한 살 더 젊어지게 된다는 재담이 떠돌기도 한다. 행정적으로도 그러하지만 실질적으로도 생일 중심의 나이와 설날 중심의 나이는 그 의미가 크게 다를 수밖에 없다. 각 개인이 한 살을 더 먹는 생일은 개인을 축하하는 날이고 당사자에게 새로운 날의 시작을 의미한다. 그러나 설날에 한 살을 더 먹는다는 것은 나 혼자만의 일이 아니다.

나이듦의 과정을 통하여 조상에게 부모에게 이웃에게 친척에게 감사를 드리며 축하를 받을 뿐 아니라 모든 사람들이 모두 함께 나이를 한 살 더 먹는다는 공동체로서의 운명의 날이기 때문이다. 서로 축하하고 격려하면서 새로운 날을 기대하는 약속을 하는 거룩한 날이 바로 설날이다.

사람들은 나이가 많이 들어서 늙음을 수용할 때가 되면 한 살 더 먹는다는 일이 얼마나 소중한 일인가 새롭게 깨닫게 된다. 스웨덴의 사회학자 라스 톤스탐Lars Tornstam은 노년초월 Gerotranscendence이라는 개념을 주창하면서 80세 이상 초고령인의 긍정적 의미를 새롭게 제안했다. 초고령인들은 조상들과 친밀감을 느끼고, 공간·시간·생명의 의미를 새롭게 인지하고 우주적 공감을 가지며 불필요한 일들을 배제하고, 물질적 욕심을 버리고 고독을 즐기게 된다고 했다.

실제로 아흔이 넘고 백 살이 넘은 분들을 만나 그분들의 나이듦에 대한 생각을 들어보면 달관達觀이 무엇인가 깨닫게 된다. 세상풍파를 이겨내고 간난신고를 겪어낸 백세인에게서는 아집我執을 볼 수 없다. 주위의 모든 이들에게 평안平安을 기원하는 마음이 가득하고 아무런 욕심 없이 빈손으로 하늘에 귀의歸依할 준비를 하고 있었다. 초고령인의 나이듦에 대한 태도는 자기보호적 개념을 벗어나 보다 이타적이고 자연순응적인 모습이었다.

전통사회에서는 한 살 더 먹는 설날을 무엇보다도 중요하게 생각했고 설날이라는 시점을 조상과 연계하고 가족과 이웃이 모두 강한 유대를 맺을 수 있는 전기로 삼았으며, 나이가 들면 들수록 더욱 그 가치를 높일 수 있다고 믿어왔다. 단순하게 개인의 나이가 한 살 더 늘어나는 생일과는 차원이 다르게 가족 및 지역사회 공동체 모두가 함께 나이가 들며 보다 나은 내일을 기약하는 설날의 의미를 되새겨보면서 한 해를 넘어간다.

인연으로 세상을
만들어가는 사람

명절에는 전통적으로 집안 어르신들과 가족을 만나고 조상을
기리게 된다. 그동안 바쁜 일상을 탓하면서 찾아뵙지도 못했
던 어르신들을 설이나 추석이라는 관습 덕분에 만사를 제치
고 만나서 밀린 지난날을 시간 가는 줄 모르고 이야기한다.

　어르신 중심으로 가족이 모이고, 친지가 모이고, 함께 인연
을 맺은 사람들이 모두 모여서 서로의 관계를 다지면서 함께
사는 보다 나은 세상을 꿈꾼다. 만일 이러한 과정에 중심이 되
어온 어르신이 계시지 않는다면 어떤 일이 벌어질 것인가 생

각해본다. 애를 쓰고 힘들여서 가족들이 모두 모이고 친척들이 찾아오는 모임들이 가능할 것인가.

나에게도 특별한 경험이 있다. 어렸을 적 시골 외갓집에서 많이 살았기 때문에 외할아버지와 외할머니에 대한 추억은 남달랐다. 그래서 서울에 살면서도 명절은 물론, 일만 있으면 으레 외갓집을 찾아 자주 안부를 여쭈었다. 그런데 외할아버지께서 돌아가시고 다음 외할머니마저 차례로 돌아가셔서, 장례를 모시러 내려갔을 때 외조부모님을 모시고 살던 외숙모님이 내게 한마디 하셨다. "장조카, 이제는 외갓집 안 오겠네." 그래서 바로 반박했다. "무슨 말씀인가요? 자주 찾아뵙겠습니다."

그런데 외숙모 말씀이 뼈 있는 말이 되어버렸다. 그 후 20여 년 동안 외갓집을 한 번도 찾아가지 않았다. 핑계야 많았다. 바쁘게 살다 보니 외숙 내외분 보러 갈 겨를이 없었다. 우선순위에서 밀린 것이다. 그러다가 마침 그 지역에 공적인 일이 생겨 들르게 되어 찾아뵈었을 때 외숙모님 말씀이 되새겨지면서 가슴을 찔러왔다. 가족관계의 측면에서는 외조부모님과 외숙부모님과는 1촌밖에 차이가 나지 않는데 그 1촌의 차이가 얼마나 엄청난가를 깨닫지 않을 수 없었다.

외숙부모는 외조부모와의 관계에서 덤으로 만난 셈이었다. 외조부모님이라는 고리를 통해서 외숙부모가 연결되었음을 고백하지 않을 수 없다. 내 경험도 이러하지만 이러한 사례는 거의 모든 가정에서도 쉽게 볼 수 있다. 아버지나 어머니가 떠난 후에는 연결 고리가 풀려 형제들도 소원해지고 친척들과의 교류도 멀어져간다. 집안 어르신의 자리 비움이 가족들과의 연대에 절대적인 영향을 미치고 있음을 본다.

이러한 일은 가족만의 문제가 아니라 사람들이 모여서 함께 일하는 모든 조직에서 똑같은 문제가 발생할 수 있다. 정치 집단이나 기업체에서도 마찬가지다. 조직을 이끌던 어르신이 있을 때는 단단하게 연결되어 한 몸처럼 움직였지만 한 사람의 사라짐으로 그 모든 조직이 와해되는 위기를 겪게 된다. 한 사람 중심으로 연결됐던 모든 고리들이 풀려버린 탓이다.

아무리 규정이 있고 원칙이 있다고 해도 중심이 되는 사람이 없으면 조직의 결속력은 해체되고 연계성을 상실하고 만다. 그런데 한 사람이 가족, 기업, 정당 및 모든 사회조직에 미치는 영향은 그 사람이 오래 살면 살수록 더 커진다. 그만큼 인연의 고리를 더 크게 많이 맺게 되고 그 고리를 통해 일들이 해결되고 확대 발전할 수 있기 때문이다. 이런 의미에서 나이 든 노인의 의미와 가치를 새롭게 해석해볼 수 있다.

사람들은 살아가는 동안에 수많은 인연을 맺게 되어 있다. 어떤 인연도 없이 독불장군으로 살아가기는 불가능하다. 사람은 시간과 공간의 얼게 아래서 다른 사람은 물론 자연계의 산천초목과 온갖 동물들과도 인연을 맺으며 살아가는 존재다. 불교에서는 인연생기因緣生起의 연기론을 핵심원리로 삼아 "이것이 있으면 그것이 있고, 이것이 생기기 때문에 그것이 생긴다此有故彼有 此起故彼起"라고 가르치고 있다.

모든 현상은 종횡으로 밀접하게 관련되어 일즉일체一即一切 일체즉일一切即一의 상태로 개인은 일체세계에 통하고 일체세계는 또한 개인과 밀접하게 관계돼 있다고 했다. 이러한 인연의 업보는 끊을 수 없는 연계로 묶여 영원한 윤회의 굴레에 들어간다고 보았다. 어떤 것도 새로 생기는 것이 아니고 없어지는 것이 아니며 살아가는 동안에 만나는 인연은 수없는 시간을 거쳐 어렵게 맺어졌다고 했다.

옷깃 한번 스치는 것도 오백 겁의 인연이고 부부는 칠천 겁, 부자지간은 팔천 겁, 사제지간은 일만 겁의 인연이라고 했다. 한 겁이 4억 3,200만 년임을 감안하면 사람이 살아가면서 맺게 되는 인연의 확률이 얼마나 까마득한가를 강조하면서 삶에 있어서 인연의 엄중함을 강조하고 있다.

연기론적인 인연 개념은 실제로 대중의 삶에 그대로 녹아들어가서 만남을 소중하게 여겨야 한다는 삶의 원리로서 생활에 크게 영향을 미치고 있다. 이러한 관점에서 나이듦이란 더더욱 굉장한 일이 아닐 수 없다. 나이 들어가는 시간의 흐름 속에서 더 많은 인연을 쌓게 되고 그 고리를 통해서 더 넓은 세상과 연결되어 왔기 때문이다.

인연의 고리는 문제를 해결하는 중요한 방안이 되어 세상을 윤활하게 돌아가게 하는 데 필요할 뿐 아니라 연계된 사람들을 결속하고 외롭지 않게 하며 조직을 안정시키는 중요한 수단이 아닐 수 없다. 다만 이러한 인연의 고리를 악용하는 인위적 사례들에 대해서는 주의를 기울여야 한다. 특히 혈연, 지연, 학연이라는 굴레를 만들어 차별적 행동을 통해 거시적 인연 세상을 무시하고 타인에게 피해를 주면 반사회적이고 반우주적인 사건이 될 수밖에 없다.

모든 사람들과 모든 사물이 인연으로 얽혀져 있음을 분명하게 인지하고 대승적 시각에서 인연의 의미를 새길 것이 요구되고 있다. 백세인과 같은 초장수인들을 보면 물질적 아집을 버리고 우주만물과의 인연을 느끼며 보다 더 안온한 세상을 기리는 노년초월적 마음을 가지고 있다. 이런 분들이 빚어 낸 연결고리는 세상을 보다 더 밝고 아름답게 이끌 수 있다.

따라서 노인의 의미와 가치를 더욱 새롭게 이해하고 노인들이 세상을 서로 연결하여 따뜻하게 이끄는 역할이 기대된다. 나이 들면 들수록 그만큼 더 크고 더 많은 사회적 연결고리를 만들어 세상을 이어주며 접착제로서의 역할을 하는 노인의 모습에서 미래 고령사회의 새로운 가능성을 투영해본다.

3.
장수인들의 실천하는 노블레스

99세 종교인의
거룩한 늙음

나이듦을 축하하는 잔치 중에 하이라이트는 백살잔치이다. 백 살을 살아낸 분들이 극히 적었던 시절에는 이를 축하하는 잔치는 그만큼 귀하고 소중한 행사였다. 따라서 명칭도 지역에 따라 다르고 각별한 의미를 부여하였다. 한 시대를 살았다는 의미의 기수연期壽宴, 오래 살았다는 의미에서 영수연永壽宴, 백 살까지 살았다는 상수연上壽宴 등으로 불리었다.

그러나 백살잔치보다 더 널리 열린 잔치는 백 살에서 한 살 적은 아흔아홉 살을 축하하는 백수연白壽宴이다. 일백 백百

자에서 획을 하나 뺀 흰 백白자를 사용하는 잔치이다. 백 살이 되기 직전 해에 백수를 맞은 분들을 축하하는 뜻이 있지만 혹시나 한 해를 이기지 못하는 안타까움이 있을 수 있어 미리 축하한다는 의미도 있다. 우리 전통사회에서는 집안 어르신들의 생일잔치를 반드시 생신날이나 그 이전에 축하하여야 한다는 불문율이 있다. 축하도 중요하지만 만에 하나 불상사를 우려해 미리 축하한다는 간절함을 담은 소중한 풍습이다. 전통적인 백수연 잔치는 가족과 친지들이 모여 장수를 축하하고 염원하는 매우 드물지만 뜻깊은 잔치이다. 이런 자리에서 주인공들의 건강하고 당당한 모습은 참석한 모든 하객들에게 생명의 거룩함을 새롭게 깨닫게 한다.

2022년 8월 27일 천주교 광주대교구 윤공희 대주교의 백수연白壽宴에 초대받았다. 일반적으로 70세에 정년을 맞는 신부들과 수녀들이 봉사와 헌신의 생활을 마치고 은퇴하여 가족도 없이 익숙지 않은 일상생활에서 고생하는 모습을 보면서 안타까움을 느껴왔던 차였다. 백수를 맞은 대주교에 대한 축하의 염원은 물론이지만 초고령 성직자의 삶과 모습이 궁금하기만 하였다.

윤공희 대주교는 우리나라 천주교 역사에서 가장 장수한 사제이기에 더욱 궁금하였다. 윤 대주교는 1924년 출생하여 영아세례를 받고 1950년 사제서품, 1963년 주교수품 그리고 1973년에 광주대교구 대주교가 되었다. 특히 광주 오월혁명을 맞아 당당하게 군부에 맞서 시민들의 사면을 요구하고 교회와 시민사회를 꿋꿋하게 지켜내어 정신적인 지주가 된 분으로 널리 칭송을 받아왔기에 특별한 관심을 가지지 않을 수 없었다.

백수연 행사는 낮 12시에 광주대교구청에서 축하식사로 시작하여, 오후 2시부터 염주동성당에서 감사미사를 올리고 3시부터 축하식을 하는 순서였다. 축하 현장으로 미소를 지으며 들어서는 윤 대주교가 참석한 분들과 반갑게 인사하는 모습을 보니 이분이 정말 백수인가 의심스러울 정도로 건강해 보였다. 축하를 위해 찾아온 수많은 사제들과 수십 명의 주교들로 가득한 성당에서 미사를 할 수 있었다는 사실과 백수를 맞은 윤 대주교가 직접 집전한 미사에 참여한 점은 천주교도인 내게는 잊을 수 없는 기억이고 감동이었다.

정작 놀랄 일은 축하식 때 벌어졌다. 선물 증정에 이어 사제와 신도대표들의 축사가 있었다. 모두 준비해온 원고를 읽으며 윤 대주교와 얽혔던 추억과 에피소드를 열거하며 송축하였다. 김희중 광주대교구장의 축사가 특별하였다. 천주교 사제들의 경우 윤 대주교처럼 장수한 분이 거의 없어 특별한 사례인지라 교황청에 백수연 축하 메시지를 보내주도록 요청하였는데 교황청에서 "99세이지 100살이 아직 안 되어 축하 메시지를 내년에 보내겠다"는 내용의 답신을 받았다는 말씀이었다. 외국에는 99세를 축하하는 특별한 행사가 없기도 하지만, 이러한 답신을 받고 내년에 다시 축하연을 하자는 김 대주교의 제안에 모두 환호와 큰 박수로 화답하였다. 성가대와 어린이 합창단이 축하의 노래를 부를 때 윤 대주교는 대좌에 가만히 앉아 있지 않고 손뼉을 치며 밝은 표정으로 즐거워하였다.

이어 백수를 맞은 윤 대주교가 어떤 말씀을 답사로 할까 귀를 기울였다. 준비된 원고를 개의치 않고 장내를 둘러보면서 참석한 사제들과 하객들의 이름을 거론하면서 감사를 표하였다. 특히 건강에 도움을 주었던 전남대병원 의사들은 한 사람 한 사람 실명을 거론하며 생명의 은인이라며 고마움을 표하였다. 인생을 회고하는 말씀 도중에는 힘들었던 사목활동과 신도들과 나눈 시대적 고통을 언급하면서 오로지 하나님의 은총으로 살아왔음을 강조하며 감사하였다. 답사를 매듭지으면서 성 아우구스티누스의 말씀을 인용하였을 때 가슴 벅찬 감동이 밀려들었다. "우리 모두 하나님의 은총에 감사하며 삽시다. 우리의 과거는 하나님의 자비에 맡기고 우리의 미래는 하나님의 섭리에 따릅시다. 그리고 우리의 현재는 하나님의 사랑에 맡기고 살아갑시다."

백수의 나이에 미사를 직접 집전하고 하객들을 따뜻하게 바라보며 답사하는 윤 대주교는 완벽한 장수인의 표상이었다. 윤 대주교의 생활습관이 궁금하여 수행수녀에게 물었다. 음식을 가리지 않고 매일 세끼 꼬박 드시며, 하루 삼십 분 정도 묵주기도하며 정원을 산책하고, 이층에 위치한 서재에 하루에도 서너 번 계단을 오르내리면서 독서에 침잠하며 보내는 일과였다. 그러나 나를 놀라게 한 것은 윤 대주교가 식사 때마다 음식 설거지며 그릇 정리 등을 하여 시중드는 수녀를 편하게 해준다는 사실이었다. 윤 대주교의 섬세한 배려에 수행수녀는 감사와 감동을 표현하였다. 뿐만 아니라 근자에는 피아노를 배우겠다는 뜻을 세워 새로 피아노를 장만하였다고 들었다.

거룩한 늙음의 3대 생활강령인 "하자, 주자, 배우자"의 원칙을 윤 대주교는 백수가 되도록 몸소 실천하며 생활하였다. 공적으로는 평생을 사회에 헌신하고 세상에 희망의 빛을 던져주며 살아왔으며, 개인적으로는 자신의 건강과 인지능력을 온전하게 유지하며 따뜻한 감성과 배려의 마음으로 새로움을 추구하며 살아온 윤 대주교의 모습은 거룩한 늙음의 표상이 아닐 수 없다.

백수연을 맞은 윤 대주교의 건강장수를 충심으로 축하하며 행복한 삶이 끝없이 이어지라는 장락미앙長樂未央을 향유하여 장수인의 귀감이 되기를 간절히 기원한다.

백세 노인이 연필로
눌러 적은 다짐

2012년 대산문화재단이 탄생 100주년을 맞은 문인들을 기념하는 행사를 개최해 시인 백석, 설정식, 김용호, 이호우, 정소파 등이 축하를 받았다. 이 중에서 정소파(1912~2013)는 당시 유일하게 생존해 있는 인물이었다. 그는 1930년에 이미 《개벽》에 〈별건곤別乾坤〉이라는 시로 등단했고 이후 교직에 봉사하며 후학을 키우면서 작품 활동을 했다.

현대시조의 거장이었으며 호남 시조문단의 반석이었다. 광주 봉선동 자택으로 찾아갔을 때 책과 원고가 가득한 서재에서 필자를 맞아주었다. 여전히 독서와 작품 활동에 여념 없는 모습을 볼 수 있었다. 선생님의 일상 활동은 전형적인 건강 장수의 생활 패턴이었다. 무엇보다도 일상이 정밀한 시계처럼 규칙적이었다. 매일 일정한 시간에 식사하고 점심 후에는 정기적으로 두 시간씩 동네를 산책했다.

면담 도중에도 산보 시간이 되었다며 일어서기에 같이 동행하면서 대담을 지속했다. 산보 후 집에 돌아오면 일정시간 휴식한 다음 다시 독서와 작품 활동을 이어갔다. 가족들은 선생님이 백 살이 넘었어도 이전과 전혀 달라짐이 없다고 말했다. 마침 서재 책상 위에 백지에 연필로 적어둔 시조가 있어 양해를 받고 복사를 해두었다. 정식으로 발표하지 않은 시조이지만 읽으면서 깜짝 놀라지 않을 수 없었다.

"자리서 일어남과 여섯시 시계 소리 / 어쩌면 그렇게도 딱 맞추어 치는 겐가 / 버릇은 하나의 기계 나도 몰래 놀랐다 // 아침엔 무얼 하며 저녁나절 무엇 하나 / 일정한 하루 일과 알맞게 가려 놓고 / 그대로 실행하고 몸 고르기 알맞다 // 인생 오래 살고 보니 더 살기도 쑥스럽다 / 하지만 주어진 삶 거부함도 우서웁다 / 오늘도 주어진 삶 바른대로 살으리."

※ 〈기침명起寢銘〉, 정소파, 2012년 4월 3일.

제목에서 보여주듯이 아침에 일어나면서 하루의 생활을 스스로 다짐하는 내용의 시조다. 엄격한 시조의 율격을 따르면서 자신의 일상생활을 아침 낮 저녁의 3장으로 나누어 진솔하게 표현해둔 내용이었다.

제1장의 주제는 생활의 규칙성과 지속성이다. 아침 일어나면서부터 규칙적인 일상은 습관화되어 거의 무의식적으로 작동하고 있음을 보여주고 있다. 하루 이틀이 아니라 평생을 규칙적으로 살아왔다는 증거다. 규칙적인 삶은 생의 에너지를 가장 효율적으로 사용하는 방법이다. 변함없이 지속적인 삶을 이어간다는 것은 생의 마지막 순간까지 포기하지 않고 매일매일 성실하게 끝까지 추진해 생명을 온전하게 지켜내는 일이다.

《순자집해 권학편》에 '공재불사功在不舍'라는 가르침이 있다. 포기하지 않아야 공이 이루어진다는 의미로 끝까지 포기하지 말기를 극력 권장하는 구절이다. 생명에는 쉼이 없다. 포

123

기가 없다. 젊든 아무리 나이가 들든 생명을 유지하기 위해서는 생체를 구성하는 모든 조직과 세포 그리고 분자들이 모두 성실하게 규칙적으로 작동해야 한다.

스스로 강해져서 쉬지 않고 살아가는 자강불식自强不息의 삶이 생명의 본질이다. 이러한 생활습관은 거의 모든 장수인의 공통적인 특성이 아닐 수 없다. 백 살이 넘은 나이에도 불구하고 포기하지 않고 끝까지 나아가는 태도야말로 건강장수의 핵심이며 거룩한 나이듦의 여정임을 분명하게 보여주고 있다.

제2장의 주제는 삶의 계획성과 적절성이다. 백 살이 넘은 나이에도 하루하루의 삶을 막연하게 보내는 것이 아니라 의도적으로 계획하며 찾아가는 모습은 끊임없이 노력하는 삶의 진지한 모습을 보여주고 있다. 일상생활에서 능동적으로 자신의 생활을 찾아가는 실천적인 모습과 일에 대한 적절한 배분은 건강한 생활의 상징이 아닐 수 없으며, 이와 같은 적극적인 생활 태도는 바로 목적을 가진 삶의 모습이다.

건강장수사회를 구축하기 위한 블루 존 프로젝트라는 생활습관 개조운동의 행동강령인 '파워나인Power 9'의 항목에도

'목적 있는 삶^{Purpose}'이 들어 있다. 장수지역 주민들이 일상에서 무작위적인 삶을 사는 것이 아니라 반드시 일정한 목적을 가지고 살아가고 있음을 보고 건강한 장수를 추구하기 위해서는 일상의 생활에 반드시 목적이 있어야 함을 강조하고 있다.

늙었다는 이유가 하루하루의 삶을 무의미하게 막연하게 피동적으로 살아도 된다는 명분이 될 수는 없다. 일부 나이 든 사람들이 목적 없이 방황하고 지내는 태도에 대해 경고하고 있다. 시인은 백 살이 넘었어도 여전히 오늘도 무엇을 할까 고민하고 이를 적절하게 추진한 다음에 여유가 있으면 운동을 해 몸을 고르는 생활을 하는 모습을 보여주고 있다. 《장자》의 〈소요유〉에 나오는 '가는 사람 어느 누구도 말리지 못한다^{之人}$_{也}$ $_{物莫之傷}$'의 경지가 아닐 수 없다.

제3장에서는 자아반성과 도전정신과 삶을 수용하는 자세가 주제다. 장수로 인해 주위 가족들을 수고롭게 하여 미안하다는 마음을 표현하면서도 자신의 삶을 적극적으로 수용하는 용기와 자신감을 표출하는 마음가짐은 삶을 진지하게 받아들이는 모습이다. 백 살의 나이에도 자기반성을 통해서 일신우일신$_{日新又日新}$의 새로운 삶에 적극적으로 도전하는 마음으로

생명존중의 삶을 살아가는 모습은 참되려고 노력하는 인간의 도리를 다하고 있는誠之者 人之道也 경지이며 인간의 삶을 거룩하게 하는 이유다. 백 살이라는 나이가 완성된 종말이 아니며 여전히 새로움을 찾아 자람을 이어나갈 수 있음을 엄연하게 보여주고 있다.

백 살이 넘은 시조시인을 만날 때는 문인으로서 다른 백세인과 어떤 차이가 있을까라는 단순한 호기심이 있었다. 그런데 백 살이 된 정소파 시인은 자신의 일상생활에서 생각하고 느끼고 실천한 일들을 시조 한 수에 압축해 문학적으로 표현해두고 있었다. 백세 시인이 절제해 표현한 시조 자체가 바로 건강장수의 금과옥조가 아닐 수 없다. 일상에서 지켜야 할 생활의 규칙성, 지속성, 계획성, 적절성, 자기반성, 도전정신과 생명수용의 내용은 마치 수천 년 비장되었던 비밀창고에서 찾아낸 건강장수의 비급인 것 같은 기쁨을 주었다.

입양한 손녀와 모국 여행을
떠난 할머니

인간장수의 궁극 목표는 부부의 해로동혈偕老同穴이다. 하지만
백세를 함께한 부부를 찾기는 현실적으로 어렵다. 20여 년 면
담을 해온 수백 명의 백세인 중에서 오직 3쌍의 백세 부부를
만날 수 있어 그나마 행운이었다. 부부가 함께 백 살 되는 비율
이 아무리 낮아도 불가능하지 않음이 분명하다. 미국 자료에
서도 백세 부부는 600만 쌍 중 하나의 비율일 만큼 희귀하다.

최근 전통적 가족관계와 전혀 다른 방향으로 결혼풍속이
크게 변하고 있다. 혼인연령이 높아지고 출산율이 격감하고

혼인 자체가 줄어들고 있다. 이혼 비율이 급증하고 심지어 황혼이혼마저 증가하고 있다. 결과적으로 가족의 결속력이 약해져가고 가족제도의 복합성이 증가되면서 전통적 측면에서의 가족과 가정이라는 개념이 무너지고 있다. 이런 상황에서 당사자 부부를 위해서도 중요하지만 가정을 지키고 유지하기 위하여서 가족의 핵심연계 고리인 어르신의 역할이 무엇일까 생각해본다. 장수시대 가정의 평화를 지키기 위하여 참고할 만한 미국인 가족의 사례가 있어 인용해본다.

지난 2007년 봄 국제전화가 걸려왔다. 필자가 1964년에 보이스카우트 대표로 미국 잼버리에 가던 중 민박한 네브래스카 오마하에서 걸려온 뜻밖의 전화였다. 동년배 미국 보이스카우트인 마이크 암스트롱의 집으로 배정되어 일주일 이상을 머물렀고 이후 편지를 주고받으며 상당 기간 인연을 이어갔다. 그 가족과는 1989년에 워싱턴 DC 다녀오는 길에 들러 재상봉하기도 하였다. 그 당시 에피소드도 새롭다.

공항 도착 전에 전화를 걸어 25년이나 지나 고교시절과 달라진 모습을 알아볼 수 있도록 입은 옷과 들고 가는 가방을 설명하자 어머니 폴린은 "아무리 변해도 알아볼 것이니 걱정하지 말아" 하면서 웃었다. 오마하에서 3박 4일을 머무는 동안 전에 다녔던 장소도 가보고 만났던 사람들과도 반갑게 어울릴 수 있었다. 마치 사반세기가 동면하고 있었던 것만 같았다. 그러나 그 후 바쁘다는 핑계로 연락을 주고받지 못하였는데 어머니 폴린의 전화가 걸려와 깜짝 놀랐다.

여름에 한국을 방문할 예정이니 만나자고 하였다. 무조건 환영하면서 우리나라에 오면 가고 싶은 곳이나 하고 싶은 일이 있는가 물었다. 뜻밖에도 광주와 경북 문경을 방문하고 싶으니 일정을 부탁한다고 하였다. 광주는 그렇다 하더라도 문경은 왜냐고 물으니 웃으면서 만나서 애기하자고 하니 궁금하기만 하였다.

공항에서 만난 폴린은 새 남편 하인즈와 딸 로빈 그리고 손녀 캐시를 동행하고 왔다. 그동안 가족의 변화를 들어보니 본남편 제리와 10년 전 사별하고 7년 전 지금 남편 하인즈와 재혼하였다. 딸 로빈은 아들이 하나밖에 없어서 외로울 거라고 딸을 홀트재단을 통하여 한국에서 입양하기로 하였다.

그런데 입양아를 선택한 기준이 뜻밖이었다. 문경의 어느 병원에서 산모가 팔삭둥이를 낳고 사라져 맡겨진 아이를 택하였다. 아이는 건강이 여의치 않아 바로 비행기를 탈 수 없어서 일 년 동안 유모를 들여 키워가지고 데려갔다. 이왕이면 잘생기고 건강한 아이를 택하였을 터인데 오히려 문제가 있는 아이를 선택하였다는 점이 놀라웠다. 그래서 물었더니 자신들의 도움을 가장 필요로 하는 아이를 택하는 것이 당연하다는 대답에 가슴이 멍해졌다. 그 입양한 아이가 바로 캐시였다. 한국을 방문한 이유를 듣고 더욱 감동하지 않을 수 없었다.

손녀 캐시가 고등학교 졸업반이 되어서 그녀에게 모국이 한국이라는 정체감을 심어주고 출생지를 방문하여 가능하면 친부모가족을 만나게 해주기 위함이라고 하였다. 비록 캐시의 친부모를 만나지 못하였지만 광주와 문경을 거쳐 서울을 구경하고 떠났다. 캐시도 자랑스럽게 발전한 모국을 보면서 뿌듯함을 느꼈으리라 생각한다. 이들 부부가 손자손녀들과 함께하는 여행 목적을 듣고 나서 큰 깨달음을 얻게 되었다. 부부는 손자손녀들이 장성하여 고등학교를 졸업할 때가 되면 일주일 정도 함께 해외를 여행하는 원칙을 가지고 있었다. 이번에는 캐시 차례가 되었기 때문에 기왕이면 한국을 온 것이었다.

폴린은 전남편인 제리와 낳은 2남 1녀와 재혼한 하인즈가 데려온 1남 3녀를 모두 똑같은 자식으로 대하였으며 자신의 자식이 3남 4녀로 늘었다고 웃으면서 자랑하였다. 이들 자식들 중에는 이혼하고 재혼하기도 하여 이들과 관련 지어 맺어진 손자손녀가 24명이나 되었고 증손자녀도 13명에 이르는 대가족을 이루었다. 그런데 이들 부부는 손자손녀를 자신의 직계혈통이든지 아니든지 간에 상관없이 똑같이 대하였고 각자가 고교 졸업할 때면 반드시 일주일씩 해외여행을 다닌다고 하였다. 복잡한 구성을 가진 가족을 지키고 유지하기 위하여 이들 부부가 진지하게 지극한 노력을 하는 모습을 보면서 옷깃을 여밀 수밖에 없었다.

우리 사회는 혈연 중심 부계사회만을 당연하게 받아들여 왔으나 다른 문화권에는 모계사회도 있다. 단일혈연 위주 가계와는 달리 세상에는 부모가 다르거나 여럿일 수도 있으며 입양도 인정되는 복합혈통가계도 있다. 인류사적으로 어느 방식만이 옳고 그르다고 평가할 수 없으며 사회적 문화적 상황에 따라 적절하게 수용되고 있을 뿐이다. 이제는 눈앞에 전개되고 있는 결혼풍속 변화와 가족관계 복잡성을 수용하지 않을 수 없는 상황으로 나가고 있다.

수명연장 장수시대는 가족 다양성을 더욱 심화하고 있기 때문에 다문화 가정을 수용하듯이 이제는 다부모 가정도 받아들여야 할 때가 되었다. 이러한 격변하는 상황에서 가족을 지키고 가정을 유지하기 위해서는 어르신들인 할아버지 할머니가 중심을 잡고 포용하고 이끌어가야 할 필요가 절실해지고 있다.

끝없는 반성과
성찰의 일기 쓰기

증자曾子는 공자의 적통제자로 《효경孝經》을 저술하였으며, 유학을 발전시키는 데 크게 기여하였다. 특히 《논어 학이學而편》에 나오는 일일삼성一日三省한다는 내용의 증자의 말씀은 지금도 널리 회자되는 명언이다.

"나는 날마다 세 가지 일로 나 자신을 반성하니, 남을 위하여 일을 꾀하면서 진심을 다하지 않았는가, 벗과 사귀면서 진실하지 않았는가, 배운 것을 익히지 않았는가이다吾日三省吾身, 爲人謀而不忠乎, 與朋友交而不信乎, 傳不習乎"라는 증자의 말씀은 사람들이 살아가면서 진심忠, 성실信. 학문수련傳習 세 가지를 매일 매일 점검하고 되새기면서 삶을 개선하려는 노력을 하면 올바른 세상이 이루어진다는 가르침이다. 이러한 일일삼성의 정신은 우리 전통사회에 생활의 지침이 되었으며 후세교육에도 큰 영향을 미쳤다.

하루하루 삶을 반성하면서 산다는 것은 오늘의 잘못을 더 이상 되풀이하지 않겠다는 의지이며 보다 나은 내일을 준비하기 위한 기초작업이다. 이러한 반성과 개선의 삶을 구체화하는 대표적인 방법이 바로 일기를 쓰는 일이다. 일기란 개인의 일상생활 기록일 뿐 아니라 반성을 통해 내일의 개선을 추구하는 과정이기 때문에 일기를 쓰는 일은 발전적이고 미래지향적인 일이 아닐 수 없다.

그래서 성장하는 어린이들에게 으레 매일매일 일기 쓰기를 적극 권장하고 있다. 보다 나은 내일을 위해 반성하고 발전을 기하라는 염원이 가득하기 때문이다. 물론 정조의《일성록日省錄》, 이순신 장군의《난중일기亂中日記》와 같이 격동하는 역사의 핵심에 있는 분들의 일기도 있지만 일반 개인들에게도 일기는 매우 중요하다. 하지만 대부분 일기는 젊은이들의 기록이지 나이가 들어서도 열심히 일기를 쓰는 사람은 흔하지 못하다. 아마도 일상생활의 삶에서 반성할 필요도 없어지고 내일을 위하여 새롭게 준비하려는 꿈도 없어졌기 때문이 아닐까 지레 걱정해본다. 그러나 100살이 되어서도 이러한 일기를 쓰고 있는 백세인이 있다는 소식을 듣게 되어 찾아 나섰다.

내 지인이 참여하여 보내주는 인터넷 〈자유칼럼〉에 어느 날 "백세에 '일기 쓰기'의 의미"라는 제하의 칼럼이 실렸다. 눈길이 가서 바로 읽어보게 되었다. 칼럼의 내용은 "막상 제가 100세 노인이 되고 나니 '이건 아니다' 하는 생각이 드는 것은 왜일까? 참으로 이상한 기분입니다. 100세가 되었다 해도 달라진 게 하나도 없는데 이상하지 않은가, 하고 자기를 돌아보는 적이 한두 번이 아닌 요즘의 불안한 마음을 어떻게 이해하면 될까? 새로운 고민입니다. 요즘 이 100세 노인의 중요한 일과 하나가 침대에 들어가기 전 꼭 쓰는 일기입니다"라면서 글을 이어갔다.

우선 백세인이 칼럼을 쓰고 있다는 사실만도 놀라운 일인데, 백 살이 되어서도 일기를 쓰고 있다는 사실에 호기심을 크게 느껴 어렵사리 연락을 취하여 만날 수 있었다. 작은 따님과 살고 있어 댁에서 가까운 호텔 라운지에서 만났다. 휠체어에 앉은 점잖은 분이 따님과 함께 나왔다. 그분이 황경춘 옹이었다.

황 옹은 일정치하에 일본에서 태어나 초, 중, 고 및 대학을 일본에서 다녔고 해방 후 귀국하여 미군부대에 통역으로 일하게 된 인연으로 미국 대사관에도 근무하고 AP통신사의 한국 지국장을 역임하였다. 그는 전직 외신기자로 우리나라의 정치적 격변기의 사정을 해외에 주도적으로 알리는 역할을 하여왔다. 황옹은 어린 시절부터 일기를 쭉 써왔으며, 군대복무와 같은 특수 상황이 아닌 한 끊임없이 일기를 써왔다고 하였다.

해방 후에는 남이 알아보지 못하게 일기를 영어로 또는 에스페란토Esperanto로 쓰기도 하였다고 하였다. 그러다가 군사정부가 들어서서 보안검열이 심해지고, 더욱 5·18 광주사태로 구금되었을 때 수사관들이 수시로 메모지와 일기를 뒤지는 것을 보고 한동안 일기를 쓸 수 없었다고 하였다. 정치적 핍박으로 결국 개인의 생활도 큰 변화를 겪은 시절이었다. 그러나 회사를 정년퇴직하고 나서부터 다시 일기를 쓰기 시작하였고, 이후 백 살이 된 지금까지 계속 일기를 써오고 있었다.

따님이 가져온 몇 권의 대학노트에는 일상의 삶이 볼펜으로 꼬박꼬박 기록되어 있었다. 자신의 겪은 지난날의 기억이며, 자식들의 방문과 가족들의 애환이 구체적으로 나열되었고 그러한 상황에서 본인이 느끼는 감정의 기복을 진솔하게 기록하였다. 개인적으로 몇 년 전 부인을 상처한 외로움과 만성신기능부전을 앓게 되어 신장투석을 하게 된 안타까운 심정들에 대해서도 손으로 꾹꾹 눌러가며 일기를 써왔다.

일기는 일상의 삶과 감정에 대한 기록임과 동시에 반성을 담고 있는 것이기 때문에 백 살이 되어서도 그러한 반성의 특별한 의미가 있는가 알고 싶었다. 그래서 황 옹에게 일기를 계속 쓰는 특별한 이유가 있는가 물었다. 그런데 뜻밖의 답을 들어 놀라지 않을 수 없었다. 그는 일제치하에서 교육받았고 대한민국 교육기관에서 제대로 교육을 받은 적이 한번도 없었다. 외신기자로 재직하면서 영어로 기사를 작성하는 데는 전혀 불편함이 없었지만 한글로 기사를 쓸 때마다 항상 어려움을 느껴왔단다. 그래서 자신의 한글을 개선하기 위해서 일기를 쓰기 시작하였다는 고백이었다.

자신이 부족한 한글을 보완하기 위해 일기를 선택하여 매일 한글을 연습하고 있다는 사실에 감동하지 않을 수 없었다. 나이가 들어 백 살이 넘었어도 자신의 부족함을 채우기 위해서 쉼 없이 노력하는 진지한 모습이 시사하는 바는 너무도 거룩하지 않을 수 없었다. "백 리를 가려는 자는 구십 리에 이르렀을 때 절반쯤 왔다고 생각해야 한다行百里者 半於九十"라는 옛글처럼 마지막까지 포기하지 말라는 가르침을 되새기게 한다.

백세인 황 옹은 칼럼의 마지막 구절을 다음과 같이 매듭지었다. "이젠 다른 의미로 나의 일기 쓰기는 여생을 뜻있게 보내는 중요한 일과日課가 되었습니다. 이제 이 일과는 죽음만이 중단할 수 있는 일거리가 되었습니다. 매일매일 나의 삶을 깊이 반성하는 값진 계기가 된 것입니다. 이를 어찌 소홀히 하겠습니까." 백 살 넘어서서도 끝없는 노력으로 생명이 다할 때까지 매일매일 배움을 더하고 반성하면서 새로운 내일을 기약하는 삶을 살아가는 모습에 경의를 표하지 않을 수 없었다.

인생 상비약과
평생의 자기관리

전통사회에서 행복의 조건으로 여겼던 오복은《서경書經 홍범편》에서는 수, 부귀, 강녕, 유호덕, 고종명이라고 하였고,《통속편》에서는 고종명 대신 자손중다子孫衆多를 강조하고 있다. 오복을 갖추고 장수한 분은 당연히 선망의 대상이었고, 우리 선조들은 일상의 생활용구를 수壽와 복福자 문양으로 장식하였으며, 장수의 상징인 자연물로 태양, 산, 물, 돌, 구름과 생명체로는 소나무, 불로초, 거북, 학, 사슴을 그린 십장생병풍을 두었다.

이런 오복을 갖춘 대표적으로 실존한 인물이 《신당서 열전》에 소개되어 있다. 당 현종시대 장군으로 안사의 난을 평정하는 등 수많은 무공을 세워 부귀를 갖추었을 뿐 아니라 당시에 85세의 수를 누린 곽자의郭子儀이다. 그에게 여덟 명의 자식과 일곱 명의 사위가 있었는데 모두 조정에서 귀하게 현달하였고 자식들이 번창하여 친손과 외손 합쳐 수십 인에 이르렀다. 곽자의는 부귀공명의 상징이 되었으며, 조선 시대 양반의 집에는 그를 닮고자 〈곽분양행락도郭汾陽行樂圖〉라는 병풍을 펼쳐두고 부러워하였다.

그런데 역사 속 곽자의에 못지않은 오복을 갖춘 백세인들을 더러 만나게 되면서 그분들의 삶에 감탄과 존경을 표하지 않을 수 없었다. 그중 한 분을 소개하고자 한다. 2019년도 여름 미국에 사는 막역한 붕우朋友가 빙장의 백수연에 참가하기 위해 귀국하였다. 내게는 중고교와 대학까지 함께 수학한 몇 안 되는 친구이며, 미국에서 의사로 크게 성공하였고 얼마 전 은퇴한 후에는 의료선교사가 되어 남해 벽지 섬들을 찾아다니며 의료봉사를 하는 자랑스러운 친구이다.

그는 나에게 참고하라며 빙장인 백세인이 직접 저술한 책을 주었다. 책 제목이 《아직 100살밖에 안 먹었습니다만》(당신의 서재, 2018)이었다. 읽어가면서 흥미와 감동을 느끼지 않을 수 없었다. 그분의 존함은 남기동(1919~2020)으로 서울공대를 1회로 졸업하고 한양대학교에 최초로 요업학과를 개설하였다. 고려양회와 쌍용양회를 건설하였고 인도네시아에도 시멘트 공장을 세운 요업계의 태두이다.

남 옹은 우리나라 시멘트산업을 세계 5위 강국으로 키워 국가건설의 기간을 다지는 데 크게 기여한 업적으로 서울대학교 공대에서 선정한 '한국을 일으킨 엔지니어 60인'에 선정되었다. 원래 일이나 취미에 몰입하는 성격이었기 때문에 그동안 자신이 정리하여 수장하고 있는 강의노트만도 100권 이상이었다. 남 옹은 Talent(재능은 모두를 위해서), Training(노력은 배신하지 않는다), Truth(진실 앞에 겸허해져라), Trying other's shoes on(다른 사람의 입장에서 이해하라), Together(멀리 가려면 함께 가라), Time(시간을 믿고 기다려라), Thanks(공경하고 감사하라) 등의 일곱 가지 T를 평생 좌우명으로 삼으며 살아왔다.

특히 '잘하는 사람은 열심히 하는 사람을 당할 수 없고 열심히 하는 사람은 즐기는 사람을 당할 수 없다知之者不如好之者 好

之者不如樂之者'라는 공자님의 가르침을 신념으로 맡은 일을 즐기면서 최선을 다하면서 살았다. 해외 출장을 나갈 경우에는 언제나 출국 두 달 전부터 회의에 필요한 모든 문장을 달달 외워서 실수를 하지 않았다는 에피소드는 관계된 사람들에게 전설같이 전해지고 있었다. 가정적으로도 매우 유복하여 96세에 소천한 부인과는 75년을 해로하였다. 자손으로는 3남 3녀를 두었고 이 중 5명이 의대를 나와 의업에 종사하고 있고, 손주 13명(친손6, 외손7), 증손 23명을 두었으니 가히 다손중다의 복도 받았다.

남 옹이 평생 지켜온 건강비결의 핵심은 '약보藥補보다 식보食補, 식보보다 행보行步'라는 걷기이다. 승용차를 이용하지 않고 항상 걸었으며 백 살 가까이 되어서도 송파구 자택에서 신촌 세라믹총연합회관까지 지하철로 출근하였다. '죽은 사람이 움직이지 않는 것처럼 움직이는 사람은 죽지 않는다'고 생각하여 앉아 있는 동안에도 가만히 있지 않고 쉬지 않고 발가락이라도 꼼지락거렸다고 하였다.

놀랄 만한 사실은 내 친구의 부인인 남 옹의 셋째 따님이 부친의 장수비결이라고 알려준 특별한 습관이었다. 바로 줄

넘기였다. 젊어서는 매일 줄넘기를 오른발 1,500번 왼발 1,500번 도합 3,000번을 하였고, 중년을 넘어서는 매일 2,000번 그리고 여든 살이 넘어서도 매일 1,000번씩 줄넘기를 하였다는 사실에 놀라지 않을 수 없었다. 운동 목적으로 일부러 헬스클럽을 찾지 않았고 바쁜 일정에도 어디서나 쉽게 할 수 있는 줄넘기를 위해 항상 줄넘기 줄을 가지고 다녔다. 바로 생활습관으로 건강장수를 다진 대표적인 사례가 아닐 수 없다.

남 옹은 기회가 있을 때마다 주변 사람들에게 인생의 상비약이 무엇이냐고 묻고 자신이 백 살 되도록 지켜온 상비약이 무엇일지 반문하곤 하였다. 사람들은 으레 어떤 특별한 가전의 비방이나 보약 또는 비타민 정도를 기대하기 마련이지만 그분이 알려준 상비약은 엉뚱하게도 치약, 구두약, 모기약 세 가지라고 하였다.

건강을 지키기 위하여 구강관리를 철저하게 하였고, 항상 걸어 다녀야 했기 때문에 구두관리를 세심하게 하였다. 그리고 외지고 벌레가 많은 시멘트공장이라는 현장에 살아야 했기 때문에 모기약이 필수품이었다고 하였다. 건강장수를 위하여 특정한 약이나 보약에 의지하지 않고 자기관리를 위한 생활물품들을 갖추고 살아온 사실에 감동하지 않을 수 없었다. 자기관리를 철저하게 하면서 평생 변함없이 부지런히 노력하고 최선을 다한 모습은 사람들에게 살아가야 할 방법과 방향을 안내해주는 나침반이 아닐 수 없다.

백세인이 평생 살아온 일상의 삶이 바로 오복을 가져온 필요조건이었음을 보여주고 있다. 오복이 우리에게 주어지는 것이 아니라 우리 스스로 만들어가야 하는 것임을 분명하게 하였다. 한국엔지니어클럽 행사에서 96세에 한 건배사에서 생활로 다져진 남 옹의 자신감을 엿볼 수 있다. "저는 겨우 아흔여섯밖에 안 먹었습니다. 내년에 또 봅시다!" 그리고 남 옹은 백세에 저술한 책의 부제를 "I am 100 years young"이라고 하면서 젊은 백세인임을 자부하였다.

105세 의사가 봉사의 삶으로
증명한 치유

1960~70년대에 걸친 대학생활은 데모와 휴교령으로 점철된 격동의 기간이었다. 나의 막역한 친구도 당시 상과대학 학생으로 운동권에 참여했는데 갑자기 각혈하는 위중한 결핵에 걸려 휴학하게 됐다. 그 후 목포 시 변두리에 있는 한산촌이라는 결핵요양원에 입주했다는 전갈이 왔다. 지리적으로 멀고 시간도 여의치 못해 가보지 못하고 멀리서 빨리 회복되기만 기도하던 차였다.

그런데 같은 대학에 다니던 친구의 여친이 매주 토요일 야간열차로 내려가 면회하고 일요일 야간열차로 올라온다는 말을 듣고 반성하고 한산촌을 찾아갔다. 12시간이 넘는 열차 시간, 역에서 내려 버스 타고 다시 걸어서 한 시간 넘게 걸려 찾아간 야산 중턱에 조립된 건물들로 이루어진 곳이었다. 한산촌을 건립한 분은 여성숙 원장이었다. 잠깐 스치듯 만난 여 원장은 중년의 여의사로 포근하면서도 확고한 신념을 보여주는 모습이었다.

그리고 50년이 넘는 세월이 흘렀다. 친구는 완쾌해 성공적인 사회활동을 하게 됐고 그때 그 여친과 결혼해 아름답게 살고 있다. 어느 날 친구와 잡담하다가 무심코 여성숙 원장의 안부를 물었다. 아직 건강하게 생존해 있다는 말을 듣고 깜짝 놀랐다. 1918년생이니까 105세가 된 분이다. 이 연세라면 우리나라 생존 의사 중 최고령으로 추정돼 백세인 연구 대상으로서도 관심이 갔지만, 평생을 결혼하지 않고 오로지 환자들을 위해 살아온 특별한 분이기에 만나보고 싶었다.

마침 한산촌 환우로 퇴원해 사회활동을 적극적으로 해온 사람들의 모임이 있는데 지금도 매년 한 번씩 찾아 인사한다고 해 동행했다. 모임의 멤버들은 연령도 다양할 뿐 아니라 직업도 국회의원, 의사, 교수, 회계사, 기업가, 영농가 등 다양했다.

여러 곳에서 온 멤버들이 광주 송정역에 모여 목포로 함께 향했다. 한산촌은 이제 결핵요양원이 아니고 기독교의 디아코니아Diakonia자매회가 운영하는 노인요양원으로 변해 있었다. 더 이상 결핵 요양시설이 필요하지 않게 되어 노인들을 위한 시설로 변모된 모습에 세월의 흐름과 사회 발전을 엿볼 수 있었다. 여 원장은 휠체어에 앉아서 찾아온 멤버들을 모두 알아보고 일일이 껴안아주었다. 그 속에 끼어 참석한 나를 보더니 "이 사람 나 몰라" 하며 의아한 표정을 지어 소개를 하였다. 50년 만에 만난다는 말에 고개를 갸우뚱했다.

우선 찾아온 멤버들을 거실에 둘러앉게 하고 돌아가며 노래를 시켰다. 칠십이 넘은 옛 환우들은 백 살이 넘은 여 원장을 기쁘게 하기 위해 그분이 좋아했던 노래인 〈보리밭〉, 〈오빠생각〉, 〈아 목동아〉 그리고 찬송가를 차례로 열창했다.

여 원장의 집안은 대대로 장수했다. 모친도 102세까지 살았고, 남동생도 98세까지 살았다. 여 원장은 찾아온 멤버들에게 감사를 표하면서 "자네들은 모두 훌륭한 인재들이야"라며 칭찬해주었다. 자신이 병을 치유해줘 사회의 지도자가 돼 건강하게 살아가는 모습을 대견하게 여겼다. 그런데 한 멤버가 "원장님이 칭찬해주시는 것 처음 보네"라며 감격해 했다. 입원했던 시절 항상 마음을 단단히 가질 것을 독려하면서 야단쳤던 추억을 되새기게 한 것이었다. 모임을 마치고 일어서는데 "갈래?", "언제 또 올래?", "또 와!" 하면서 헤어짐의 아쉬움을 진하게 토로하셨다. 가을에 다시 올 것을 기약하고 떠나려하자 다시 한 사람 한 사람 껴안아주었다. 그리고 일행이 떠나는 모습을 현관에서 내내 보이지 않을 때까지 바라보며 손을 흔들고 있었다.

친구가 내게 여성숙 원장의 《꿈의 주머니를 별에다 달아매고》라는 회고록을 건네주었다. 여 원장이 최근 청각이 나빠져서 대화를 편하게 할 수 없어서 아쉬웠던 참인데 소통이 어려워 묻지 못한 질문의 답을 찾아보라고 배려해준 것이다. 여원장은 황해도에서 태어나 평양소학교, 원산 마르다윌슨신학원, 일본 교아이여학교를 나와 경성여자의학전문학교를 마친 특이한 경력을 가졌다. 가족들의 반대를 무릅쓰고 자신의 결단에 의해 학업을 이어갔고 의사가 된 뒤에는 전주 예수병원,

광주 제중병원을 거쳐 목포에 의원을 개원했다가 결핵 환자들의 불쌍한 처지를 안타깝게 여겨 1965년 결핵전문 요양시설인 한산촌을 개설했다. 한산촌이라는 이름은 한 번밖에 살지 못하는 삶이니 크게 바르게 한 삶을 살자는 의미에서 지었다고 했다.

한산촌에 입원해 치료받고 간 환우는 2,000명이 넘고 내원 치료 받은 환자는 5만 명이 넘었다. 개인이 설립한 시설이 이토록 수많은 환자들에게 의료봉사를 할 수 있었음에 감동하지 않을 수 없었다. 경비도 저렴했지만 그러한 경비도 감당하지 못하는 경우는 무료로 치료하고 살림도 보살펴주었다. 헌신적인 의료봉사의 대명사인 분이었다.

그러나 무엇보다도 여 원장의 따뜻하면서도 단호한 태도는 환자들에게 큰 힘이 되고 용기를 주었다. 여 원장은 함석헌, 안병무, 장준하, 박영숙, 김옥라 등 사회지도자들과도 많은 교감을 나누었고 격동기의 운동권 학생들을 앞장서서 보호해주었다. 특히 안병무 교수의 권장으로 기독교의 수녀집단이라고 할 수 있는 디아코니아자매회 운동에 적극 참여했다. 그래서 경기도 양평군에 본격적인 센터를 지으려고 했으나 당국의 비협조로 뜻을 이루지 못하고 다시 한산촌으로 내려와 자신의 전 재산을 기증해 한국디아코니아본부를 설립했다.

100살이 넘게 헌신적 봉사로 일관해 살아온 분에게 혹시나 살면서 아쉽거나 미진했던 일이 있었느냐고 묻자 거침없이 "없어! 더 하고 싶은 일 없어! 후회 없어!"라고 답했다. 자신의 뜻을 실컷 펴면서 당당하게 살아온 삶은 바로 거룩한 삶 그 자체였다. 죽음에 대한 생각을 묻자 단호하게 답했다. "관심 없어!" 언제든 떠날 준비가 되어 있고 하나님이 부르면 훌훌 가겠다는 초월적인 생각을 하고 있었다. 사랑과 봉사로 헌신하면서 살아온 삶은 그분의 사랑을 받은 모든 이에게 밝은 등불이 되었다. 여 원장은 회고록에 자신이 살아온 삶을 다음과 같이 표현했다.

"인생엔 반복이 없다. 하기에 다시 살 수도 없는 인생이니 여기서 후회는 부질없는 것이 되리라. 사랑을 알고, 사랑을 품고, 사랑을 할 줄 아는 나! 그 '나'를 살고 싶었는데……."

소외된 사람을 섬긴
푸른 눈의 천사

우리나라가 궁핍했던 시절 멀리서 찾아와 헌신 봉사한 의료
간호 선교사들을 생각하면 가슴이 메는 감동을 느낀다. 나는
의료간호 선교사 로빈슨(1904~2009)과 특별한 인연을 맺었다.
지난 1974년 여름, 간질 환자를 위한 장미회에 깊이 관여해온
외숙 강우식 박사가 SOS를 보내왔다. 환자가 너무 많아 주말
에도 진료해야 하는데 일요일 자원봉사 의사가 없으니 도와
달라는 전갈이었다.

　나는 의대를 졸업해 의사면허는 있었지만 기초의학에 몰

입하고 있던 터라 망설이다가 상황이 급박해 매주 일요일 진료를 맡기로 했다. 새벽 5시에 모여 기흥휴게소에서 아침 요기하고 목적지에 8시 반 전에 도착해 9시부터 오후 5시까지 환자를 보는 일정이었다. 두 시간 이내 지역은 석 달마다 당일치기했고, 그 이상 거리는 여섯 달마다 토요일 저녁에 내려가서 다음 날 새벽부터 진료하는 강행군이었다. 보통 300~400명의 환자를 보았고 어떤 지역은 800명이 넘기도 했다. 그 후 30~40회 넘도록 전국 방방곡곡을 다녔다.

이런 봉사를 처음 시작한 로빈슨 할머니(당시 나는 20대였고 로빈슨은 60대였기에 할머니라고 불렀다)는 간호사와 의사면허를 가진 특별한 분이었다. 자신의 연금과 교단의 지원금을 들고 전쟁 후 처참한 한국을 돕고자 찾아왔다. 원래 나환자 봉사를 하려다가, 어느 날 버스 속에서 발작으로 쓰러지는 간질 환자를 보고 이들을 돕기로 했다. 그래서 '가시 있는 장미가 아름다운 것처럼 간질 환자도 훌륭한 삶을 영위할 수 있다'는 취지로 장미회를 조직했다.

이는 사회적 편견에 시달리던 간질 환자에게 사회복귀의 문을 활짝 열어준 계기가 되었다. 전염병이 아니라는 이유로 당국은 대책을 세우지 않았기에 당시 15만 명이 넘는 간질 환자들은 거의 장미회의 수혜를 받았다. 로빈슨 할머니는 진료 받고 처방약을 기다리는 수많은 환자들에게 미소를 지으며 따뜻하게 서투른 우리말로 설명하고 주의를 주었다. 대한간질협회를 창립하는 데도 주역이 되었다. 한 사람의 사랑과 노력이 한 나라의 간질 환자 모두에게 도움을 준 위대한 일이 아닐 수 없다. 그분은 봉사 기간이 끝났는데도 귀국하지 않고 봉사를 하다가 아흔 살이 넘어 미국으로 돌아가서 천수天壽를 다하고 106세로 세상을 떠났다. 유언대로 유골 일부는 파주 기독교인 묘지에 묻었다. 로빈슨 할머니의 따뜻한 미소와 농담을 생각하면서 한없는 감사와 존경의 기도를 드리지 않을 수 없다.

소록도의 두 수녀간호사님과의 만남도 잊을 수 없다. 백세인 조사 과정에서 특수한 환경에서 살아온 한센인의 수명 조사를 위해 2004년 소록도를 방문했을 때, 그들을 40여 년 돌보아준 오스트리아 수녀님들이 있다는 말을 듣고 혹시나 한센인의 생활상에 대한 정보를 들을 수 있을까 하여 찾았다. 마리안느와 마가렛 두 분 수녀님이 살고 있는 허름한 집에 찾아가니 거실에는 장식품 하나 없고 벽에 십자가만 덜렁 걸려 있을 뿐이었다. 손님이 왔다고 차를 대접해줘 마시면서 한센인의 삶과 고통, 종교에 귀의한 생활상에 대해 들을 수 있었다.

질병으로 사회와 격리되고 가족들과도 헤어져야만 하는 처지에서도 한센인이 일반인보다 더 높은 수명을 누린다는 의외의 사실을 알게 되어 다음 해 연구진을 재정비해서 소록도를 찾았다. 인사도 하고 몇 가지 추가 질문도 하려고 두 분 수녀님을 찾았는데 이미 떠나버리고 없었다. 연유를 묻자 놀라운 이야기를 들려주었다.

그해가 바로 두 수녀님의 은퇴 시기였는데, 어느 날 새벽 첫 배를 타고(당시에는 연륙교가 없어서 소록도는 녹동항에서 배를 타고 들어갔다) 아무도 모르게 편지 한 장만 남기고 떠나버렸다. 그동안 고마웠다는 감사와 더 이상 도움이 되지 못하고 폐만 끼칠 것 같아 떠난다는 내용이었다. 환송연도 거부하고 가방 하나에 그 동안 입고 지내던 옷가지 몇 벌만 챙겨 떠났다. 청춘을 바치고 평생을 봉사하고서도 혹시나 환우들에게 민폐가 될까 걱정되어 홀연히 떠나버린 두 분 수녀간호사님의 이야기를 들으면서 가슴이 멍해졌다. 아! 봉사는 이렇게 하는 것이구나 깨닫게 해주었다. 최근 마리안느 수녀님이 투병 중이라는 소식과 얼마 전 마가렛 수녀님이 선종하셨다는 뉴스를 보고 안타깝기 짝이 없었다.

직접 만나지는 못했지만 선친의 저술 《광주 1백년》에 상당한 지면을 할애해 상세하게 소개된 간호선교사 이야기를 추가하고자 한다. '서서평'이라는 한국 이름을 가지고 있던 엘리자베스 셰핑(1880~1934)이다. 미국에서 출생해 간호사가 되어 선교사로 우리나라를 찾아와 광주제중병원에서 나병과 결핵으로 고생하는 가난한 환자들을 위해 헌신했다.

뿐만 아니라 그녀는 배워야 한다며 학교를 세웠고 우리나라 간호협회가 일본에 종속되면 안 된다고 생각해 최초로 조선간호협회를 창립한 선각자였다. 처참했던 나환자들의 복지를 위해서 환자들과 함께 총독부까지 행진시위를 벌이기도 했다. 버려진 고아 14명을 입양하고 과부 38명을 모두 자신의 집에서 생계를 해결하도록 하기도 했다. 봉급과 가지고 있는 모든 것을 나눠주었기에 막상 본인은 영양결핍으로 시달리다가 일찍 세상을 떠나게 되었다. 마지막으로 남은 것은 좁쌀 두 되 뿐이었다. 자신의 성격이 조급했기 때문에 반성의 의미로

서서徐徐히 하자는 뜻으로 성을 서徐씨로 하고 이름은 천천히 할 서舒자와 평평할 평平자를 붙여 서서평이라고 했다. 머리맡에는 "삶은 성공이 아니라 섬김이다Not Success, But Service"라는 글귀를 붙여놓고 항상 자신을 다짐하는 삶을 살았다. 사람들은 그녀를 '조선의 예수'라고 불렀다. 장례는 시민들이 통곡하면서 광주 최초의 시민장으로 열흘에 걸쳐 진행됐고 양림동 선교사묘역에 묻혔다.

평생을 낯선 타국에서 혼신을 다해 헌신과 봉사를 하고서도 아무런 보상도 받지 않고 오히려 조그만 사례도 피하며 떠난 간호선교사들의 삶을 보면서 한없는 사랑으로 가득한 거룩한 삶의 참모습을 볼 수 있다. 그런 분들이 우리 주변에 있어서 우리 사회가 이런 발전을 할 수 있지 않았을까 생각하면서 그분들에게 한없는 감사와 존경을 바친다.

98세에도 강단에 서는
영원한 학자

아흔여덟이 넘은 분이 대학생들을 상대로 정규 강의를 한다는 소식을 듣고 깜짝 놀랐다. 마침 서울대학교에서 함께 보직하였던 서범석 박사가 총장으로 있는 광주 남부대학교의 창립자 조용기 학원장이었기에 바로 연락이 되었다.

교정에 들어서자 "손가락으로 바위를 뚫어라"라는 글이 큰 바위에 새겨져 있었다. 장수학자로서 조 학원장에 대해 궁금했던 점은 대학생들을 상대로 하는 강의의 형식과 내용이었다. 백 살 가까운 나이에 가끔 강연하는 것도 쉬운 일이 아닌

데, 정기적인 강좌를 운용하는 일은 여러모로 무리라고 생각해 궁금하지 않을 수 없었다.

강좌 제목은 '인간학'이었다. 동서고금의 역사적 인물들이 위기를 극복하고 업적을 이룬 과정과 자신이 일제, 해방, 한국전쟁 그리고 4·19, 5·16, 5·18 등의 격동기를 지내면서 직접 겪은 위기 상황을 어떻게 생각하고 대처했는가를 후학들에게 생생하게 들려주는 강좌였다. 후학들이란 80년의 나이 차이가 있는 젊은이들이었다. 격변기를 살아오면서 겪어낸 과정을 진솔하게 설명하면서 다가올 미래사회의 변화를 통찰해 슬기롭게 대처하도록 이끌어주는 진정한 인성교육이었다. 백살이 다 된 분이 증손자뻘 젊은이들에게 역사의 소용돌이를 헤치고 나갈 지혜와 용기를 불어넣어주는 모습에서 거룩함을 느끼면서 옷깃을 여미지 않을 수 없었다.

조 학원장이 가장 존경하는 분은 당신의 선친과 '덴마크 중흥의 할아버지'라고 불리는 니콜라스 그룬트비Nikolaj Grundtvig다. 어린 시절 선친께서 어느 비 오는 날 낙숫물이 토방에 놓인 돌에 떨어지는 모습을 가리키면서 "저 봐라. 꾸준하게 하면 빗물이 돌을 뚫을 수 있듯이 열심히 노력하면 손가락으로 바위를 뚫을 수 있다"고 하신 말씀을 가슴에 깊숙이 새기고 살았다. 그러한 각오로 어떠한 난관에도 굴하지 않고 결국 모두 극복해냈고, 자신의 호도 어리석은 바위라는 의미에서 '우암愚岩'으로 정했다.

조 학원장이 교육시스템 확립에 열정을 기울였던 근원적인 이유는 가장 존경하는 그룬트비의 영향 때문이었다. 덴마크가 전쟁 패배로 대부분의 영토를 뺏기고 침몰하고 있을 때 등장한 그룬트비는 교육자이자 종교인이었으며 정치인이기도 했다. "하나님을 사랑하자, 이웃을 사랑하자, 나라를 사랑하자愛天, 愛人, 愛國"는 삼애三愛의 구호를 내세우며 젊은이들을 농촌으로 돌아가게 하는 농촌 살리기 운동을 추진했다. 계몽의 일환으로 농촌 지역에 국민고등학교를 설립하고 생활개선 운동을 벌여 덴마크가 행복하고 자랑스러운 나라로 발전하는데 주춧돌을 놓아 덴마크를 중흥의 길로 들어서게 했다.

그룬트비의 행로를 따라 조 학원장도 농촌사회의 발전을 위해서는 인재양성이 가장 시급하다고 생각해 고향인 전남 곡성군 옥과면에 옥과고등학교를 세웠고 나아가서 실사구시를 목적으로 전문 기술 인력을 배출하기 위한 전남과학대학교를 설립했다. 이어서 보다 크게 봉사하겠다는 의지로 광주에 남부대학교를 설립해 지역 발전에 크게 기여했다.

뿐만 아니라 유아원, 유치원, 시니어클럽 등 인간의 전 생애를 포괄하는 우암학원이라는 전방위적 메가 교육체계를 농촌사회에 구축해, 외진 농촌 시골인 옥과라는 면 단위 농촌에서 어린이, 젊은이는 물론 나이 든 사람들에게도 희망과 꿈을 심어주려고 노력했다. 더욱이 노동자와 군인들을 위한 야간 교육 과정도 개설해 학위를 수여하는 사회적 교육운동의 선구자가 되었다. 특히 고령사회로 변환한 농촌에 '시니어클럽'을 설립해 노인들이 자활적 삶을 살고 당당한 노인상을 갖추도록 유도한 선각자이기도 했다. 전인적 교육을 통해서 아름답고 행복한 지역사회를 건설하기 위한 노력에 평생을 헌신한 셈이다.

대화 도중 뜻밖에도 조 학원장은 이미 전부터 나를 잘 알고 있었다고 하여 깜짝 놀랐다. 나의 선친과 동갑으로 가까이 벗하며 지냈던 분임을 알게 되어 선친을 뵌 듯 더욱 반가웠다. 해방과 한국전쟁으로 혼란에 빠진 우리 사회의 희망은 오로지 청소년에 있다는 데 공감해 보이스카우트, 적십자, YMCA,

산악회, 청소년문화 운동을 함께 추진했고 광주 살리기 운동에 앞장섰던 분들이었다. 나는 오십 년 넘게 타관 생활을 해온 탓으로 선친과 특별한 관계를 맺었던 고향분들을 미처 제대로 알아보지 못하여 죄송한 마음이 가득하였다.

조 학원장은 타계하신 나의 선친과 달리 여전히 사회활동을 능동적으로 하고 있어 부럽기도 하고 자랑스러웠다. 그러나 가까운 친구분들이 모두 세상을 떠나버려서 함께 벗할 사람이 없음을 한탄하면서 요즘은 매일 교정을 거닐면서 자라고 있는 나무들이나 길옆에 놓인 돌들과 대화를 나눈다고 했다. 60~70년 전 자신이 직접 심고 옮겨놓은 것들이기 때문에 이들을 보면 마음이 평화로워진다고 한다.

조 학원장은 새벽 3시면 일어나서 전날 이루어졌던 일들을 정리하고 반성하는 일기를 하루도 거르지 않고 수십 년 써왔다. 95세가 되었을 때 한 해 동안 썼던 일기를 모아 《아침단상 365: 살아온 길 95년》이라는 책을 내어 장수인의 생각과 삶을 적나라하게 소개하기도 했다. 이어 한 시간 이상 산책하고 돌아와 목욕하고 아침식사 후 출근하고 돌아와 저녁식사 후 다시 샤워하고 일찍 잠자리에 드는 규칙적이고 능동적인 생활이었다. 바로 전형적인 장수인의 생활 패턴이었다.

대화 마무리에 변화하는 세태와 젊은이들의 별난 행동들이 미래사회에 미칠 우려에 대해 물었다. 조 학원장의 답은 의표를 찌르는 감동을 주었다. "무슨 걱정인가? 후학들은 우리들보다 더 잘할 것이네. 나는 그들을 믿네." 후학에 대한 신뢰가 이토록 단호함에 놀라지 않을 수 없었다. 선친과 나를 잘 알고 있는 조 학원장은 이렇게 덧붙였다. "자네 부친보다 자네가 더 잘하고 있지 않은가!" 비교할 수 없는 일이지만 더 이상 반론을 던질 수 없게 압도했다. 인류사회는 지속적으로 발전하고 진화한다는 신념으로 교육자로서 후배들에 대한 믿음을 강하게 표현했다. 미래를 희망적으로 바라보는 장수인의 초월적 생각에 감화를 받지 않을 수 없었다.

손가락으로 바위도 뚫는 불굴의 정신과 하면 된다는 자신감을 후학들에게 심어주기 위해서 백 살이 넘더라도 강의를 지속하겠다는 강한 의지는 목적을 가지고 나아가는 삶에 나이는 전혀 문제가 되지 않음을 분명하게 보여주었다.

할 일은 반드시 하고
옳지 않으면 고친다

국제백신연구소IVI 한국후원회에 출근하는 날이면 먼저 설랑雪浪 조완규 박사님께 인사를 드린다. IVI 상임고문인 선생님은 96세인 지금도 매일 출근한다. 박사님은 필자에게 학문적으로 스승이고 인간적으로 롤모델인 멘토이다. 함께 자리를 하며 근황을 묻게 되면 그럴 때마다 선생님은 스마트폰 앱에 기록된 근간의 보행숫자를 보여준다. 거의 매일 8,000보에서 1만 보 정도를 이미 아침에 걷고 나서 출근한 기록이다.

　새벽 4시면 기상해 2시간 정도 컴퓨터로 인터넷뉴스와 메

일을 확인하고 답을 하면서 일과를 시작한다. 이어서 가까운 서리풀공원에 올라 언덕에 설치된 운동기구 너덧 가지를 한 번씩 활용하고 귀가하면 보통 1시간 반 정도 걸린다. 간단히 요기하고 출근하면 거의 매일 각종 회의와 손님 면담 등의 일정이 서너 가지 이상 예약돼 있다. 중식 후 오후 3시께 퇴근해 다시 컴퓨터로 원고 작업을 마무리하고 저녁식사 후 9시에 취침하는 규칙적인 일정을 소화하고 있다. 선생님에게 나이가 들었다는 것은 결코 일을 제약할 이유가 되지 못한다. 아흔다섯이 넘어서서 장수인의 경지에 들어서서도 일상생활의 일정에 전혀 변함이 없다.

선생님에게 생활습관에 규칙적인 운동이 자리 잡게된 데는 엉뚱한 사건이 있었다. 군사정권 시절 대학교수들도 예외 없이 체력단련 훈련을 받아야 했다. 당시 서울대 학장이었던 선생님은 앞장서서 뛰어야 했는데 운동장 한 바퀴도 제대로 돌지 못하고 힘들어서 뒤쳐지기 일쑤였다. 이에 대오각성하고 운동을 해야겠다고 각오하고, 성북동 자택에서 동숭동 캠퍼스까지 출근에 걷기를 시작했고 이후 달리기를 하여 내내 평생습관으로 삼았다. 그래서 지금도 서리풀공원 언덕을 오르고 내리는 데 전혀 불편함을 느끼지 않고 있다. 항상 천천히 꾸준히 걷는 선생님은 놀랍게도 무릎 관절이 젊은이들 못지않게 건강하다.

선생님은 서울대 문리대 생물학부 1회 졸업생으로 미국 펜실베이니아대에서 연수 후 귀국해 록펠러재단의 후원금 1만 5,000달러로 발생학 중심의 생명과학실험실을 개설했다. 학장 재임 시에는 정부를 설득해 IBRD 차관을 도입해 문리대 실험실을 재건해 발전의 토대를 이뤘다. 행정적으로는 교수연구비 관리체계를 정비하고 교수 공채 제도를 도입하는 등 당시로서는 엄두도 못 낼 혁신적인 대학 개선방안을 추진해 오늘날 서울대의 위상을 갖추는 데 크게 기여했다.

특히 선생님의 특별한 기록은 전설이 되었다. 그것은 서울대 교수직을 두 번 사임하고 세 번 발령받은 사실이다. 당시 서울대 총장과 부총장직은 별정직이었기 때문에 임용되면 교수직을 사임해야만 했다. 그래서 부총장이 되면서 사임하고 임기 끝나고 다시 임용됐고 총장이 되면서 다시 사임하고 임기 끝나고 다시 교수 발령을 받았다. 한 번도 어려운 서울대 교수직을 세 번이나 발령받은 에피소드는 전무후무한 일이 아닐 수 없다. 선생님은 서울대 문리대학장, 부총장, 총장을 역임 후 교육부 장관, 과학기술단체총연합회장, 한국과학기술한림원장 등을 역임하고 국가과학기술유공자와 대한민국학술원회원으로 추대됐다.

선생님의 활동 무대는 실로 한계가 없었다. 포항공대, 광주과기원 설립을 주도해 이들 신설 기관들이 빠른 시일 내에 학계의 중점기관으로 도약하는 기반을 마련했다. 조 박사님은 파격적인 인재 중용과 안정된 거주 환경, 그리고 자녀교육 보장이라는 요구를 관철시켜 우수한 인재들의 활동 무대를 든든하게 받쳐주었다. 학계 활동 이외에도 각종 학술단체 및 사회단체의 회장을 두루 역임했다. 아흔 살이 넘어서도 '한국벤처한림원'을 창립해 중소기업을 돕기 위한 방안을 개척했으며, 우리나라 과학계를 국제적 선도그룹으로 진흥하고 노벨상 수상을 추진하기 위한 본격적인 노력으로 '과학키움'이라는 단체를 설립하는 등 국가 발전과 미래를 대비하기 위해 혼신의 힘을 다해 기여하고 있다.

그중에서도 자랑스러운 일은 국제백신연구소의 유치다. UNDP가 저개발국가의 전염병 예방을 위한 저비용 백신 공급을 위한 국제기구 설치를 고민하고 있을 때 조 박사님은 후배인 박상대 교수와 함께 심혈을 기울여 연구소를 우리나라에 유치하는 데 성공했다. 그 결과 UN기구 중에서 본부가 대한민국에 소재한 유일한 기구가 되었다.

그러나 그것으로 끝날 수 없는 상황이 벌어졌다. 정부의 지원 약속 이행이 어려워지고 UN기구 중 WHO와의 관계도 난항에 빠졌을 때 조 박사님은 탁월한 설득력과 투철한 사명의식으로 모든 난관을 해결해냈다. 그 결과 코로나 사태가 터졌을 때 IVI가 국제적으로 중심적 역할을 하게 되고 우리나라의 바이오산업 위상이 도약하게 된 계기를 이뤘다.

선생님의 이러한 행보의 뒤에는 세상을 바라보는 독특하고 확고한 신념이 있었다. 바로 옳지 않다고 생각하면 반드시 고쳐야겠다는 사명감과 해야 할 것은 해야 한다는 신념이었다. 비록 수많은 보직을 본인의 의사와 상관없이 맡게 되었더라도 부득이 일단 맡게 되면 소신을 가지고 과감하게 일들을 처리했다. 특히 대학의 구습과 제도적 모순을 해결하고 바람직한 발전을 추구하기 위해 심혈을 기울였다. 우선 총장이 되어서는 그때까지 관료적이었던 대학의 분위기를 쇄신하기 위해 행사 때마다 총장 이하 보직자들이 차례로 줄지어 나가는 구습을 없애버렸고, 교수들이 자유롭고 편하게 활동하고 격의 없게 대하도록 배려했다.

교육부 장관이 되어서는 당시 유명한 사립대학교 재단의 횡포에 대해 재단을 과감하게 해체하는 초강수를 두었다. 당시 대통령도 어찌지 못하고 있던 차에 당신의 사표를 들고 다니면서 쾌도난마로 문제를 해결해 결국 대학을 정상화하고 지역사회의 발전에도 크게 기여했다. 선생님은 자신이 이룬 이런 엄청난 개혁들을 회상하면서 해야 할 일 했다고 담담하게 표현했다. 당신이 옳다고 생각하면 반드시 추진하고 옳지 않다고 생각하면 반드시 고쳐서 세상을 바르게 이끌려고 평생을 노력하였음을 보여주었다.

조완규 박사님의 행로에서 위대한 거인의 행보를 느끼지 않을 수 없다. "하자"의 신념으로 망설이지 않고 세상을 올바르게 이끌어온 지도자의 삶에서 살아 있는 전설의 거룩한 의미를 되새기게 된다. 이렇게 우리는 많은 백세인들의 행보에서 진정한 우리 시대 영웅들의 자화상을 본다. 우리도 건강한 습관과 삶의 자세를 배워보도록 하자.